Pferde vermenschlichen
- aber richtig

Zu diesem Buch:

Wir alle lieben unsere Pferde und wollen das Beste für sie, aber manchmal merken wir gar nicht, wie sehr wir uns wie Nervensägen oder Dauernörgler dem Pferd gegenüber präsentieren. Genauso schnell ist es passiert, dass wir - den Pferderücken gerade erst erklommen - unsere Pferde nicht reiten, sondern so bedienen als wären sie Motorräder: Gas geben, Bremsen, Lenken. Wir vergessen nur allzu schnell, dass unsere Pferde denkende Wesen sind, die in der Lage sind, sehr selbstständig gestellte Aufgaben zu erledigen.
Dieses unterhaltsame Buch gibt Anleitungen, wie Sie in die Haut Ihres Pferdes schlüpfen können, um dann festzustellen: Sie fühlen genauso wie wir.
Den erhobenen Zeigefinger werden Sie jedoch weniger finden, denn das Buch versucht vielmehr kleine Geschichten zu erzählen, die Ihr Verhältnis zu Ihrem Pferd nachhaltig verändern werden.

Die Autorin Nicola Steiner wurde am 23.10.1965 geboren und lebt mit ihren beiden erwachsenen Kindern im Bergischen Land bei Köln. Sie arbeitet als Natural Horsemanship-Trainerin und hilft ihren Kunden dabei, das eigene Pferd besser zu verstehen. Gelernt hat sie aber das Handwerk der Redakteurin und ist Diplom-Medienwirtin. Da das Schreiben und Geschichten erzählen ihre Leidenschaft ist, hat sie zwei Blogs: Einen Horsemanship- und einen Turnierblog.

Nicola Steiner

Pferde vermenschlichen – aber richtig

Wie Sie sich besser in Ihr Pferd einfühlen

Bibliografische Information der Deutschen National-bibliothek:
Die Deutsche Nationalbibliothek verzeichnet diese Publikation in der Deutschen Nationalbibliografie; detaillierte bibliografische Daten sind im Internet über http://dnb.dnb.de abrufbar.

© *2016 Nicola Steiner*

Fotos: Katharina Erfling / www.pony-galopp.de
Coverfoto: Stephanie Wittenburg

Herstellung und Verlag: BoD – Books on Demand, Norderstedt

ISBN: 978-3-7431-2809-5

„The horse knows ...
He knows if you know ...
he also knows, if you don't know."
Ray Hunt

INHALT

	Seite
Einführung: Pferde vermenschlichen - ein No-Go?	9
Der Horseman's Handshake oder die Frage nach der Erlaubnis	13
Die Nachteile des Halsrings – was ist die richtige Ausrüstung?	17
Bodenarbeit, die Pferd und Mensch Spaß macht	21
Die Geschichte vom Kopierer	24
Jeden einzelnen Schritt herausreiten oder lieber doch nicht?	28
Warum ein Klaps nicht dasselbe ist wie ein Klaps	32
Wenn es ums nackte Überleben geht	34
Sinnlos von A nach B geschickt werden versus Milchwagenspiel	37
Ich arbeite nur mit positiver Verstärkung – sinnvoll oder nicht?	40
Statt Pferde clickern mal Kinder clickern	43
Warum Ignorieren nicht der Weisheit letzter Schluss ist	45
Wenn das Führen fast zum Würgen wird	47
Sinn und Unsinn von Stimmkommandos	49
Join up versus Catching Game nach Parelli	51

Der Pferdeanhänger als Käfig auf vier Rädern	54
Um jeden Preis durchsetzen oder die Sache mit den Mietpferden	56
Die Sache mit der Aufsteighilfe	67
Statt Nachwort – einer meiner Artikel für ein Pferdeportal: Umgekehrte Psychologie bei Pferden	69
Empfehlung: Das Erstlingswerk von Nicola Steiner: Die Lüge vom Sozialstaat – eine Satire	77
Danksagung	79

PFERDE VERMENSCHLICHEN – EIN NO-GO?

Das hört der Pferdemensch doch landauf, landab, dass er Pferde nicht vermenschlichen soll. Zumindest dann nicht, wenn es darum geht, dass man Pferde vor allem deswegen im Winter im warmen Stall unterbringt, weil wir selbst im Winter so frieren.

Ich möchte also vorweg schicken, dass ich kein Freund davon bin, Pferde im Winter in Decken einzupacken, denn Pferde fühlen sich bei Temperaturen zwischen 5 Grad und 15 Grad am Wohlsten. Erst ab minus 15 Grad setzt die Thermoregulation ein[1]. Außerdem können sich die Haare unter einer Decke nicht aufrichten und so fällt es dem Pferd damit eher schwerer, sich selbst warm zu halten. Alles in allem: Da wo das Pferd eine andere Anatomie hat als der Mensch, sollten wir das Vermenschlichen tunlichst vermeiden. Das gilt übrigens auch für das Gebiss. Auch hier wird gesagt, man solle sich vorstellen, man selbst hätte einen Metalllöffel im Mund. Aber ich unterstelle jetzt einfach mal, dass wir uns das genauso wenig vorstellen können, wie das Gefühl bei Minusgraden ohne Kleidung zu sein. Wir haben ja keinen zahnfreien Bereich im Mund und wenn ich mir einen Löffel im Mund vorstelle, berührt er zwangsläufig meine Zähne – das ist bei Pferden anders.

Auch plädiere ich dafür, dass wir die Pferde so behandeln, wie es ihrer Art entspricht und wir als Mensch die Pferdesprache so gut lernen, wie es uns möglich ist. Genau das wird ja auch von den Vertretern des Natural Horsemanship propagiert: ein natürlicher Umgang mit dem Pferd, indem wir lernen wie

---

1 Zitiert nach Michael Geitner:
   http://www.pferde-ausbildung.de/eiskalt-erwischt-2/

Pferde zu denken. Wenn wir also nicht unsere eigenen Bedürfnisse und Wünsche aufs Pferd übertragen wollen, was bleibt denn dann übrig vom „Pferde vermenschlichen – aber richtig?"

Es geht um Empathie, denn im Großen und Ganzen empfinden Pferde sehr ähnlich wie wir. Es gibt zudem viel, was wir Menschen von Pferden lernen können, denn durch die Zivilisation haben wir viele Fähigkeiten und Empfindungsmöglichkeiten in die Tiefen unseres Bewusstseins gestoßen und haben beispielsweise die Sprache verlernt, die eigentlich allen Säugetieren – ja, vielleicht sogar allen Lebenwesen – gemeinsam ist: Die energetische Sprache. Damit ist nicht nur die Körpersprache gemeint. Wir müssen es auch (ernst) meinen, um vom Pferd auch ernst genommen zu werden. Dabei verlassen wir uns doch viel lieber auf unsere Stimme oder etwa nicht?

Nach einer Studie von Albert Mehrabian[2] beruht der Gesamteindruck, den wir auf andere haben nur zu 7 Prozent auf dem gesprochenen Wort, zu 38 Prozent

---

2   Albert Mehrabian: *Silent Messages*. 1. Auflage. Wadsworth, Belmont, CA 1971, ISBN 0-534-00910-7

auf unserem Tonfall und zu 55 Prozent auf der Körpersprache. Jeder von uns fühlt doch auch, wenn er belogen wird. Wir treffen auch manchmal Entscheidungen nach Bauchgefühl und spüren, wenn etwas nicht stimmt. Und genau das möchte dieses Buch vermitteln: Fühlen und einfühlen in den Partner „Pferd", denn wenn man gewisse Dinge quasi am eigenen Leib erlebt, dann sieht man einiges mit anderen Augen.

Ich möchte in diesem Buch auch einmal Strategien hinterfragen, die entweder allgemein anerkannt sind oder „neumodisch" als pferdegerecht gelten wie das Clickern, das Positiv-Verstärken oder das Halsringreiten. Dabei liegt es mir sehr am Herzen, dass ich keine einzige Methode verteufeln möchte noch eine andere als Allheilmittel betrachte. Alle Methoden habe eine Berechtigung: aber besser im Nebeneinander als in Konkurrenz zueinander. Ich plädiere ohnehin eher für Fall-zu-Fall-Entscheidungen: Weg von allen Extremen hin zu: Wie würde ich mich fühlen, wenn...

Denn bei ganz vielen Begebenheiten und langjähriger Erfahrung mit unterschiedlichsten Pferden konnte ich beobachten, dass Pferde uns ähnlicher sind, als wir allgemein annehmen. Deswegen gebe ich zu einigen meiner kleinen Beispielgeschichten Anleitungen oder empfehle kleine Spielideen, um nicht nur in Gedanken, sondern auch körperlich einfach einmal in die Haut des Pferdes zu schlüpfen.

Beginnen wir nun mit unserer ersten Begegnung mit dem Partner Pferd: Die Begrüßung.

Die Autorin Nicola Steiner mit Paintstute Fancy auf einem Turnier

DER HORSEMANS HANDSHAKE
ODER DIE FRAGE UM ERLAUBNIS

Stellt Sie sich vor, Sie sitzen gerade am Frühstückstisch, kauen soeben den letzten Rest vom Brötchen hinunter und auf einmal kommt Ihr Chef, packt Sie an der Hand oder gar an Ihrer Krawatte und bringt Sie wortlos zu Ihrem Arbeitsplatz. Er ist dabei nicht gewalttätig, aber irgendwie ist das ja schon unhöflich so ohne ein Wort der Begrüßung. Jetzt haben Pferde ja keine Worte, um sich zu verständigen. Das gebrüllte „Guten Morgen" fällt flach und der Chef würde Sie wohl kaum am „Schlawittchen" oder der Krawatte packen, um Ihnen zu sagen, dass jetzt Arbeitsbeginn ist. Er würde sprechen, wenn er höflich ist. Stellen Sie sich vor, er kommt rein in den Frühstücksraum und brüllt ein: „An die Arbeit", ohne vorher guten Morgen gesagt zu haben: Trotz Worten doch nicht höflich.

Aber so ähnlich passiert es uns gelegentlich mit unseren Pferden, weil wir nach einem langen Arbeitstag in Eile und froh darum sind, wenigstens noch ein kleines Stündchen reiten zu können: Wir gehen hin, halftern unser Pferd auf und bringen es zum Sattelplatz.

Wenn ich jetzt das Vermenschlichen (*also das Einfühlen*) und die Kommunikation in der Pferdesprache unter einen Hut bringen will, gibt es ein sehr schönes Begrüßungsritual, wie man seinem Pferd quasi zur Begrüßung die Hand schütteln kann: Der Horseman's Handshake. Wenn Sie beim Händeschütteln respektvoll sind, packen Sie Ihr Gegenüber ja auch nicht an der Hand, sondern halten sie hin und der Andere ergreift sie. Genau so sollte die pferdische Begrüßung vonstatten gehen: Ich halte meinem Pferd den Handrücken hin und das Pferd entscheidet, ob es mich mit seiner Nase berühren will oder nicht. Für den Fall, dass es mir *nicht* seine Nase entgegen reckt, habe ich es wenigstens angeboten³.

Würde ich in der Haut des Pferdes stecken, würde diese Art der Begrüßung für mich einen großen Unterschied machen. Es ist einfach höflicher.

Es gibt ja auch gut meinende Menschen, die gehen zum Pferd, machen sich auch die Mühe es zu begrüßen, aber eben, indem sie das Pferd genau zwischen den Augen streicheln. Das wurde ja auch von „Pferdeflüsterer" Monty Roberts so vorgemacht. Würden Sie es mögen, wenn jemand (Fremdes) einfach so Ihre Stirn reibt? Eigentlich doch nur, wenn dieser Jemand Ihnen sehr, sehr nahe steht. Zum Kennenlernen ist eine erste Berührung an der Schulter viel angemessener, oder? Einfach mal ausprobieren.

---

3 In meinem Youtube-Kanal Nicola Steiner Horsemanship erkläre ich den Horseman's Handshake in einem gleichnamigen Video: https://youtu.be/JD6gm6nXxuA

In meinen Augen ist das Klopfen der Pferde als Lob eine andere weit verbreitete Unart. Horseman Pat Parelli hat dazu einmal gesagt, dass Frauen und Pferde dieses Klopfen nicht mögen. Es gibt da sicherlich Ausnahmen, aber das lässt sich ja leicht herausfinden, wenn man sein Pferd beobachtet: Wie schaut es, wenn ich es am Hals klopfe? Kommt es mir entgegen, wenn ich auf die Weide komme? Wenn ich die Hand hinhalte, versucht es die Hand auf „pferdisch" anzustupsen, wie oben erklärt? All das sagt etwas über meine Beziehung zum Pferd aus. Das Pferd teilt mir also seine Meinung über mich durchaus mit.

Weiter geht es mit dem Satteln: Kann ich mein Pferd so satteln, dass ich es dafür nicht anbinden muss? Welche Art des Putzens mag es lieber? Kurze kräftige Striche mit dem Striegel oder lange Sanfte? Wenn das Pferd beim Gurten nicht angebunden ist, bin ich gezwungen, so allmählich enger zu gurten, dass das Pferd nicht weg läuft: Loch für Loch.

Selbst, wenn das Pferd angebunden ist, sagt es mir ganz viel darüber, wie es meine Art zu Putzen und zu Satteln findet: Sei es sehr direkt über die Körpersprache wie Ohren anlegen oder Schnappen oder vielleicht auch subtiler über seinen Gesichtsausdruck oder sogar über seine Energie.

Egal, was Sie mit Ihrem Pferd machen, fragen Sie es nach seiner Meinung. Das muss aber nicht bedeuten, dass das Pferd jetzt den Freifahrtschein schlechthin hat, denn grundsätzlich finde ich schon, dass ein Pferd sich sein Futter durchaus verdienen kann.

Es ist ganz ähnlich wie in der Kindererziehung: Kinder nörgeln ja auch zuweilen, wenn sie den Tisch decken oder den Müll raus bringen sollen. Das Erledigen der Hausaufgaben gerät in einem bestimmten Alter ebenfalls zur Zerreißprobe. Hier kommt es doch darauf an, dass das, was wir vom Kind (oder Pferd) verlangen erstens angemessen ist und zweitens (hoffentlich) der Liebe entspringt. Wenn ich mit meinen Kindern über die Hausaufgaben streite, dann doch vor allem, weil ich deren Bestes für ihre Zukunft möchte.

Mein Kind ist dennoch nicht versklavt und es gibt Bereiche, in denen es durchaus eigene Entscheidungen treffen darf. Aber es gibt auch Momente, wo ich knallharten Gehorsam verlange, vor allem dann, wenn Gefahr droht, wie z.B. im Straßenverkehr.

Da die wenigsten Leute ihre Pferde halten, damit sie auf der Weide stehen, geht es auch hier darum, eine Balance zu finden: Ja, das Pferd soll sich reiten und dirigieren lassen, aber bevor ich aufsteige, frage ich symbolisch um Erlaubnis, indem ich das Pferd erstens seitwärts auf mich zu treten lassen und zweitens erst seinen Hals streichele und dann erst das Bein auf die andere Seite schwinge. Auch das ist einfach eine Frage der Höflichkeit[4].

---

4   Auch hierzu gibt es ein Video im Kanal Nicola Steiner Horsemanship: „Aufsteigen mal anders"
https://youtu.be/ljZYIZFUH1I

DIE NACHTEILE DES HALSRINGS - WAS IST DIE RICHTIGE AUSRÜSTUNG?

Jede und keine: Es wird nämlich viel zu viel über Ausrüstung und viel zu wenig über die Ausbildung des Pferdemenschen geredet. Denn es ist sicher besser mit Gebiss eine feine und gefühlvolle Verbindung zum Pferdemaul zu halten, als am gebisslosen Zaum in den Zügeln zu hängen oder dem Pferd den Kopf hin- und herzuzerren. Das kann man in einer Art Partnerspiel nachmachen und nachfühlen: Der Eine führt, der Andere wird geführt, allerdings nur am Kopf in eine bestimmte Richtung dirigiert - aber aufpassen, dass ihr Euch dabei nicht gegenseitig den Kopf einschlagt, weil das wirklich nervig ist. Egal, ob ich mit oder ohne Gebiss unterwegs bin: Ich sollte das Pferd lenken und anhalten können, ohne dafür ein Kopfstück zu benötigen.

Auch in Sachen Gebiss kann man an sich selbst ausprobieren, was sich besser anfühlt: Wenn man sich selbst auf die Nase drückt oder zwei Finger in die Mundwinkel platziert und damit leichten oder auch stärkeren Druck ausübt – wie ist das? Wenn ich mir allerdings selbst auf die Zunge drücke, dann entsteht bei mir ein leichter Würgereflex ... allerdings haben wir in diesem Fall schon wieder das Problem, dass die Anatomie von Pferd und Mensch anders ist – trotzdem eine interessante Selbststudie. Da hilft nur das Pferd fragen: Nimmt es das Gebiss willig oder zeigt es Abwehr?
Ganz groß in Mode gekommen ist ja derzeit das Reiten mit Halsring, weil es ja sehr nach Harmonie aussieht. Allerdings kann der Reiter mit Halsring sehr

viel Kontrolle ausüben, wenn er diesen an der Kehle oder der Luftröhre des Pferdes ansetzt – das tut richtig weh. Halsring ist also so gesehen – falsch angewendet – auch keine Lösung. Ob man wirklich ohne Zügel auskommt, kann man testen, indem man das Kopfstück zur Sicherheit am Pferdekopf belässt, aber es nicht anfasst. Wenn das sehr gut klappt, kann der Reiter statt Halsring auch ein instabiles Seilchen nehmen, was aber wirklich unten am Halsansatz im Übergang zur Schulter liegen sollte.

Im Idealfall lässt sich das Pferd nämlich mit den Beinen lenken und über den Sitz durchparieren und anhalten. Wenn das funktioniert, stört ja auch das Kopfstück nicht, weil es ja so gesehen, erst mal nur mit herumgetragen wird, falls doch einmal ein unvorhergesehener Notfall eintritt und das Pferd scheut.

Warum eigentlich überhaupt ein Kopfstück? Dazu muss man sich eigentlich nur mal einen kleinen Neffen oder eine Nichte ausleihen und diese(n) im Vierfüßlerstand auf dem Rücken herumtragen: Wenn ich den Rücken wölbe, klappt das besser als wenn ich den Rücken wegdrücke. Aber das muss ich dem Pferd möglicherweise erst mal erklären. Übrigens: Nur mit Gebiss kann ich Aufwärtsparaden geben, wie es Phillippe Karl in der École der Légereté lehrt. Damit kann ich mein Pferd z.B. in eine entspannte Dehnungshaltung einladen. Manche Reiter empfinden die Kommunikation mit dem Gebiss feiner, sofern das Pferd Vertrauen ins Gebiss hat.

Noch etwas zum Tragen des Reitergewichts: Gelegentlich ohne Sattel reiten ist sinnvoll und angenehm, aber immer ohne finde ich fragwürdig. Der Sattel hat eine Funktion und verteilt das Reitergewicht auf eine größere Fläche: Der Sattel ist also eine Pro-Pferd-Entscheidung. Das wiederum lässt sich kaum in Partnerarbeit ausprobieren, weil es für Menschen keine passenden Sättel gibt. Aber mit oder ohne Gebiss oder alternativ Gebiss mit Zungenfreiheit, Trense oder Stange: Man merkt wohl schon, womit das Pferd sich am Wohlsten fühlt und weil jedes Pferd anders ist, hilft wieder nur: Ausprobieren – aber diesmal mit Pferd.

Eine schöne Partnerarbeit ist hingegen, wenn sich nun wieder zwei Menschen finden: Der Eine nimmt das Gebiss oder den gebisslosen Zaum in die Hand, Zügel am Körper des Einen vorbei und der Andere dirigiert von hinten und probiert verschiedene Zügelführungen aus: Mal den Zügel ganz stramm, so dass es schon wehtut, dann so lasch, dass auch das nervt, um dann die goldene Mitte in Sachen Anlehnung finden.
Wie fühlt es sich an, wenn der Zügel ganz lang ist? Fühlt der Pferdepart sich dann irgendwie verloren? Könnte man das Verlorensein ausgleichen, indem die Führung, die sich viele Pferde wünschen über ein anschmiegsames, kommuniktaktionsfähiges Bein erfolgt?

*Ponywallach Cisco ist das Maskottchen der
12 Oaks Ranch in Lindlar*

BODENARBEIT, DIE PFERD UND MENSCH SPASS MACHT

Pferde brauchen ja Bewegung – keine Frage. Aber wie viel Spaß haben sie wohl daran 20 – 30 Minuten aus ihrer Sicht sinnlos im Kreis herum zu rennen? Oft genug sogar mit einem Longenführer, der longiert, als würde er aufs Gaspedal bei seinem Auto treten, indem er ständig jeden einzelnen Schritt nach treibt.

Ein Pferd kann alleine laufen und wenn es (*zumindest tagsüber*) auf der Weide ist, dann tobt und spielt es mit seinen Kumpels, um seinen Bewegungsdrang auszuleben. Sollten wir nicht dasselbe mit unserem Pferd machen, wenn wir ihm Bewegung verschaffen wollen? Einfach miteinander spielen auf eine Art, wo beide einmal etwas vorschlagen dürfen? Ich erlebe es sehr häufig, dass Pferde bei der Bodenarbeit Vorschläge machen, wenn es ihnen erlaubt wird. Besonders, wenn sie etwas Neues gelernt haben, gewinnt der Mensch den Eindruck, als wolle das Pferd z.B. sagen: „Guck mal, wie toll ich seitwärts gehen kann.".

Aber – bei allem Spaß an der Bodenarbeit: Es gibt auch eine Bodenarbeit, die Pferde quasi auf die Schulbank setzt: Am Boden gelingt es uns den Pferden, Aufgaben so zu erklären, dass sie danach vom Sattel aus besser verstanden werden.

Das sinnlose Im-Kreis-laufen kann dann eine kleine Herausforderung - eine Challenge - werden. Wir können dem Pferd z.B. beibringen, dass es die geforderte Gangart beibehält und nicht ungefragt die Richtung ändert. Gelingt es uns, dass das Pferd außen Kreise zieht und wir reichen das Seil nur hinter unserem Rücken her und lassen das Pferd seinen Job ganz selbständig machen? Gehorcht es uns auch, wenn es hinter unserem Rücken ist? Es gibt ja noch einige andere Aufgaben, die sehr lustig sein können: Richtungswechsel z.B. oder Achten, die man später im Galopp nutzen kann, um den fliegenden Galoppwechsel am Boden vorzubereiten. Ich kann mit meinem Pferd „People-Cutting" spielen, wenn es das mag und fördere damit spielerisch seine Athletik. Alles, was ich später im Sattel verlange, kann ich eigentlich am Boden vorbereiten. Ich kann Hindernisse einbauen: Sprünge, Planen, Podeste, Bälle – mal mit, mal ohne Longe oder Seil. Der Fantasie sind keine Grenzen gesetzt.

Wenn ich Pferd wäre, würde ich die Art von Bodenarbeit bevorzugen, bei der ich selbstständig arbeiten kann. Eine Bodenarbeit, bei der mir gesagt wird: „Ja, genauso ist es richtig." Eine Bodenarbeit, bei der ich auch Fehler machen dürfte, um daraus zu lernen.

Es gibt sicherlich gute Gründe sowohl am Boden als auch im Sattel an Stellung und Biegung zu arbeiten, aber wenn die Stellung durch Zwangsmittel wie Ausbinder erreicht wird, dann ist das für mich eine Mogelpackung. Das Pferd hat nichts gelernt, sondern wird in eine bestimmte Form gezogen und darin gehalten. Auch wenn ich keine Ausbinder verwende, aber den Pferdekopf mit meinen Händen, Zügeln oder dem Kappzaum in einer bestimmten Position halte, dann wage ich zu bezweifeln, dass das Pferd Spaß hat. Es ist eher so, als würden wir zur Krankengymnastik gehen und die Übungen, die uns gut tun, absolvieren, selbst wenn der Spaß dabei auf der Strecke bleibt. Wenn es gelingt, beides zu verknüpfen: Umso besser. Wenn die Arbeit am Kappzaum eine Art Krankengymnastik wird – landläufig Gymnastizierung genannt – dann macht das schon Sinn, aber vielleicht kann man ja an anderen Tagen etwas machen, wo am Pferd nicht ständig rumgemäkelt wird à la: „Halt den Kopf gerade, Hände auf den Tisch" - so wie Kinder zu Großmutters Zeiten am Essenstisch ermahnt wurden.

Wenn das Pferd schlecht bemuskelt ist und wir bereit sind, einmal sechs Wochen nicht zu reiten .. dann empfiehlt es sich Hügeltherapie oder Hilltherapie zu googeln: Mit nur zehn Minuten am Tag wird die Muskulatur der Pferde auf sehr angenehme Art ins Lot gebracht[5]. Nach den sechs Wochen haben Sie quasi ein neues Pferd. Sinnvoll ist es nicht nur die körperliche Gesundheit des Pferdes im Auge zu haben, sondern auch die emotionale und mentale Befindlichkeit, denn so entwickelt sich eine Versammlung, die ganzheitlich ist. Auch die Losgelassenheit kommt im Idealfall aus der seelischen Entspannung.

---

5   Eine Anleitung ist hier zu finden:
    http://zambail.com/huegeltherapie/

DIE GESCHICHTE VOM KOPIERER

Stellen Sie sich vor, Sie hätten einen neuen Job und der Chef erklärt Ihnen an Ihrem ersten Tag den Kopierer: Er sagt, dass Sie diesen zunächst am rechten Schalter einschalten und dann warten müssen, bis der Kopierer warm gelaufen ist. Er zeigt Ihnen, wo Sie das Blanko-Papier finden und einlegen, dass Sie die Vorlage nach unten legen und am Ende den grünen Knopf drücken müssen, damit links die Kopie heraus kommt.

Sie haben das verstanden, denken, dass Sie am zweiten Arbeitstag zumindest den Kopierer alleine betätigen können und dann kommt ihr Chef und erklärt wieder: „Hier anmachen, Vorlage nach unten ..."

Wie würden Sie sich fühlen? Wenn Sie sich das vorstellen können, dann wissen Sie, wie sich das Pferd fühlt, wenn wir es beim Longieren ununterbrochen antreiben. Entweder mit der Stimme, indem wir fortwährend schnalzen oder „Teerab ... Teerab" von uns geben. Richtig: Wenn Sie das Pferd wären, würde bei Ihnen über kurz oder lang der Verdacht aufkeimen: „Denkt der eigentlich, ich wäre dumm?" Viel lieber wäre Ihnen doch ein Chef, der Ihnen am ersten Arbeitstag einen Job erklärt und danach so sehr in Ihre Fähigkeiten vertraut, dass er Sie diesen Job selbstständig erledigen lässt.

Genau das können Sie mit Ihrem Pferd aber auch machen: Sie sagen nur ein einziges Mal Trab und erwarten, dass Ihr Pferd die Gangart ohne Ihr Zutun beibehält. Wenn es das nicht tut, dann stellen Sie sich vor, wie ihr Chef reagieren würde, wenn er Ihnen morgens sagt, dass Sie bitte 100 Seiten kopieren möchten im

Laufe des Arbeitstages und Sie davon gerade einmal zwanzig kopiert haben. Ich würde mal davon ausgehen, dass es in irgendeiner Form „knallt" und Sie daraufhin denken: „Ich bin es ja selbst Schuld." Der Chef hat Ihnen erst Verantwortung gegeben und diese dann auch eingefordert. Wenn es mir am Boden gelingt, dass ich dem Pferd sagen kann: „Bitte so lange traben, bis ich etwas Anderes sage." und es mir sogar gelingt, dass ich in der Mitte stehen bleibe, ohne mich mitzudrehen, indem ich das Seil einfach hinter dem Rücken herreiche, dann kann ich das Ganze auch in den Sattel übertragen.

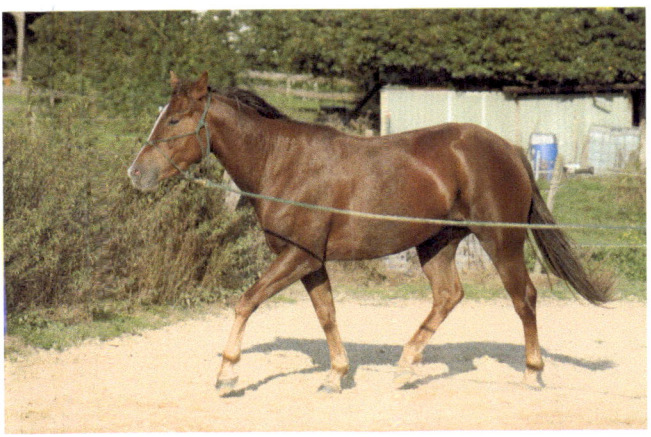

Im Westernreiten ist es (z.B. in der Disziplin Reining) gang und gebe, dass das Pferd z.B. den Auftrag erhält: „Bitte einen großen Zirkel im schnellen Galopp laufen." Wenn der Reiter jeden Galoppsprung treiben und dann auch noch darauf achten müsste, dass das Pferd die Zirkellinie einhält, ist es schnell vorbei mit dem harmonischen Bild – davon abgesehen, wie sich das Pferd dabei fühlen muss.

Die Lösung ist, dass Sie Verantwortung ans Pferd abgeben. Solange das Pferd einen guten Job macht, lässt man es in Ruhe und wenn es abweicht von der Ideallinie, dann kann ich das Pferd z.B. dadurch korrigieren, dass ich scharf nach innen abbiege, so dass aus meinem Zirkel ein Halbmond wird.

Wenn Sie einen Hund haben, gehen Sie vielleicht ganz ähnlich vor: Sie geben dem Hund den Job auf Ihrer Höhe bei Fuß zu gehen. Geht er vor oder lässt er sich zurückfallen, dann korrigieren Sie ihn. Wenn Sie aber das Gefühl haben, Ihr Hund macht sich einen Spaß mit Ihnen, weil er alle zwei Sekunden vor oder zurückfällt, dann werden Sie energischer, denn sonst ist es ja zu Ihrem Job geworden, den Hund in Position zu halten oder der Hund diskutiert seinen Job mit Ihnen aus à la: „Muss ich wirklich?"

Horse-&-Dog-Trail Hund Lucy in action

Ist es nun tatsächlich Ihr Job geworden, den Hund in Position zu halten, dann sind Sie vergleichbar mit einem Chef, der hinter Ihnen steht und Ihnen sagt: „Und jetzt grünen Knopf drücken … und jetzt die Vorlage wechseln, wieder nach unten, Klappe zu ….". Würde Ihnen das gefallen? Auch der Hund wäre wahrscheinlich genervt. Beim Hund kommt auch kaum jemand auf diese Idee, aber beim Pferd verfällt man allzu schnell in einen „Ich-bediene-ein-Fahrzeug-Modus", eben weil das Pferd geritten wird.

Übrigens: Auch der Chef, der jede Ihrer Handlungen ansagen und kontrollieren muss, findet nun keine Zeit mehr für seine eigenen Aufgaben.

JEDEN EINZELNEN SCHRITT HERAUS REITEN – ODER LIEBER DOCH NICHT?

Kennt ihr diese Anweisung aus Eurer Reitschule? Das Pferd wird bei dieser Vorgehensweise nach meinem Verständnis nie in Ruhe gelassen: Es gibt weder ein Neutral, wie man es im Natural Horsemanship kennt noch die im Westernreiten übliche „Nullwirkung".

Es hat zwar noch nie jemand ein Pferd dazu befragt, aber wenn wir unterstellen, dass Pferde ähnlich empfinden wie wir, dann sollten Sie einmal Folgendes in Partnerarbeit ausprobieren:
Partner A ist das Pferd und Partner B bittet ihn vorwärts zu gehen. Dazu spielen Sie zwei Varianten durch, bei denen Sie keine Worte benutzen, denn ein unausgebildetes Pferd versteht Ihre Worte ja nicht.
Da Partner B von Partner A möchte, dass er sich bewegt, schiebt er ihn erst an und schiebt dann jeden einzelnen Schritt immer weiter. Anstatt, dass Partner A schneller wird, passiert das Gegenteil: Er lehnt sich immer mehr dagegen und hält sogar an, weil es ihn nervt, so herum geschubst zu werden - so zumindest meine Erfahrung.
 Bei sehr faulen Pferden geschieht es nicht selten, dass diese umso langsamer werden, je mehr der Reiter treibt. Das kann zum Einen die oben beschriebene Gegenwehr sein, zum Anderen aber auch einen ganz anderen Hintergrund haben. In der Pferdewelt gilt die Frage des „Wer bewegt Wen?". Der, der sich weniger bewegt, hat das Spiel quasi gewonnen und fühlt sich ranghöher. Wenn sich also der Reiter obendrauf schwitzend abrackert, **weil** sich das Pferd in Zeitlupe

bewegt, der tut sich selbst mit Dauertreiben einen Bärendienst.

Aber es gibt ja noch eine zweite Variante, die in Partnerarbeit ausprobiert werden kann. Da Sie keine Worte benutzen dürfen, müssen Sie sich wieder körperlich ausdrücken, so als würden Sie einem tauben Menschen etwas mitteilen wollen. In diesem kleinen Spiel sollen Sie Ihren Partner wieder anschieben, aber dieses Mal gehen Sie solange passiv hinterher, wie dieser geht. Sollte er stehen bleiben, schieben Sie erneut an. Wenn Sie aber merken, dass Sie verantwortlich werden und sich abrackern müssen, damit der Partner geht, müssen Sie – wie im Beispiel mit dem Hund – energischer werden. Das könnte bedeuten, dass Sie mit mehr Schwung anschubsen, um die Vorwärtsbewegung für einen etwas längeren Zeitraum sicherzustellen. Für welchen der beiden Varianten entscheiden Sie sich, wenn jemand Sie vor die Wahl stellt?

Larissa Steiner sorgt für Abwechslung zum Turniersport: Reiten ohne Sattel und ohne Gebiss mit Lucky

Im Natural Horsemanship gibt es die sich steigernden vier Phasen und analog im Westernreiten die Reihenfolge: „Anklingeln, Anklopfen, Tür eintreten". Es geht darum, dass die Phase 4 (*das symbolische Tür-Eintreten*) unter anderem sicher stellt, dass das Pferd die Verantwortung für einen etwas längeren Zeitraum übernimmt.

Das geht auch beim Reiten: Ich könnte z.B. Anklingeln, indem ich den Allerwertesten anspanne, Anklopfen, indem ich ganz kurz und sanft mein Bein anlege (*nicht treten und wirklich nur einmal*) und das Tür eintreten, könnte ein Klaps mit dem Zügelende sein. Wenn ich nicht ganz sicher bin, ob das Pferd den Job verstanden hat, kann ich natürlich auch erst mit dem Zügelende mich selbst touchieren, z.B. indem ich den Zügel oder das Führseil der Natural Hackamore oder des Bosals rechts und links unterhalb meiner Schulter leicht anschlagen lasse. Da ich mir ja selbst nicht weh tun möchte, werde ich auch dem Pferd nicht weh tun, wenn das Seil weiter unten die Kruppe trifft. Der Vorteil dieser Methode ist, dass ich das Pferd nicht alle paar Sekunden auffordern muss, doch bitte jetzt noch einen weiteren Schritt zu machen und dann noch einen.

Auch das können Sie in Partnerarbeit ausprobieren – wie fühlt sich es sich an, wenn jeder Schritt angeschubst wird? Ich würde das Nörgeln nennen und jeder weiß wie nervig nörgeln sein kann. So nervig, dass man für eine klare Ansage regelrecht dankbar ist.

Für all die, die dieses leichte Touchieren bereits als Gewalt empfinden, weil das Pferd ja – wenn es einfach nicht antritt – mit einem Klaps getroffen wird, habe ich das folgende Kapitel geschrieben.

Angemerkt sei, dass es Pferde gibt, die so sehr verunsichert sind, dass sie regelrecht einfrieren. Diesen Pferden sollte man Zeit geben. Dies zu erklären, würde aber den Rahmen dieses kleinen Buchs sprengen.

Zeit, wo man nichts vom Pferd verlangt: Undemanding time

WARUM EIN KLAPS NICHT DASSELBE IST WIE EIN KLAPS

Kennt ihr das Spiel mit dem Händeabklatschen? Der Eine muss beide Handflächen aneinander halten, als wären sie zusammengeklebt und der Andere versucht die Handaußenseiten zu treffen, während der Eine ausweicht. Es klatscht gewaltig, aber endet in einem großen Gelächter und obwohl die beiden Spieler sich gegenseitig einen Klaps nach dem anderen verpassen, fühlt sich das so gar nicht nach Gewalt an.

Anderes Beispiel: Wenn ich mich mit erhobener Hand vor einen anderen Menschen stelle und dabei sage: „Wenn Du jetzt nicht machst, was ich Dir sage, dann .." Ja, dann ist es selbst dann Gewalt, wenn das Gegenüber nicht getroffen wurde.

Irgendwie komisch, wenn der Klaps sich nicht wie Gewalt anfühlt und der Nicht-Klaps dann doch. Woran liegt das eigentlich? Ich würde sagen an der inneren Haltung: Die erste Variante ist ein Spiel, die zweite Variante ist mit negativen Gefühlen wie Groll und der Absicht zu unterwerfen verbunden.

Es gibt ja Menschen, die berufen sich darauf, dass es in der Herde bei den Pferden untereinander wild hergeht, dass da auch einmal ein Huftritt oder Biss im Spiel ist und verprügeln ihre Pferde regelrecht.

Wieder andere Menschen lassen sich mehr oder weniger von ihren Pferden verprügeln. Selbst, wenn sie weder gebissen noch getreten werden, lassen sie sich einiges gefallen: Das Pferd bedrängt seine Besitzer, tritt ihm vielleicht sogar auf die Zehen oder bringt den Menschen permanent dazu auszuweichen. Menschen, die gerne meinen, alles mit dem gesprochenen Wort regeln zu wollen, reden dann auf ihre Pferde ein wie auf das buchstäbliche tote Schwein, aber nichts passiert. Das Pferd mal weg schubsen wollen sie auch nicht, denn wer möchte schon zur ersten Kategorie der Pferdebesitzer gehören?

Wie kann man sich denn nun so einem aufdringlichen vierbeinigen Kandidaten vom Leib halten? Im Natural Horsemanship spricht man von der Strategie: „Mach ein Spiel daraus." eben genauso wie beim Händeklatschen oder dem Abtreffen im Sportunterricht. Man kann einem sehr aufdringlichen und selbstbewussten Pferd auch mal einen kleinen Klaps geben, aber eben nur wenn man dabei nicht wütend oder frustriert ist. Es muss so sein wie beim Fangen spielen: „Krieg ich Dich, krieg ich Dich?" fragend. Grundvoraussetzung dafür ist, dass wir uns an anderer Stelle um eine gute Beziehung zum Pferd bemühen und ihm nicht nur zuhören, sondern auch Mitspracherechte einräumen und es sich unserer Zuneigung und unseres Respekts gewiss ist – wie im menschlichen Miteinander.

WENN ES UMS NACKTE ÜBERLEBEN GEHT

Eine Beziehung besteht ja nicht nur aus Schubsen, Klapsen und Raum beanspruchen. Außerdem gibt es ja wie gesagt auch Pferde, die sehr ängstlich sind, bei denen man völlig anders vorgeht als beim aufdringlichen Pferd. Aber selbst da sollte uns bewusst sein, dass wir die Aufgabe haben, eine Führungspersönlichkeit zu sein.

Stellen Sie sich vor, Sie landen nach einem Flugzeugabsturz irgendwo in den eisigen Bergen: Nirgendwo gibt es etwas zu essen, es ist bitterkalt und Sie haben nicht den blassesten Schimmer, wie Sie aus dieser Situation wieder herausfinden sollen. Außerdem sind da ja noch die anderen Passagiere: Die einen weinen, die anderen jammern und wieder andere beanspruchen die Führerschaft für sich. Eine Idee wäre ja, alle Entscheidungen demokratisch mit vorangegangener Diskussion abzustimmen, aber dafür fehlt die Zeit, denn Sie müssen schnell eine Lösung finden, wenn Sie nicht erfrieren oder verhungern wollen und wenn alle 80 Passagiere ihre Ideen äußern würden, dann vergeht mehr Zeit als beim Enting im Kinofilm „Herr der Ringe".

Es besteht ja auch die Möglichkeit, dass 79 von den 80 überhaupt nicht qualifiziert sind, einen Weg aus der Eislandschaft zu finden. Wenn aber jetzt zwei Passagiere die Führungsrolle für sich beanspruchen, die sich nicht einig sind, dann gibt es meistens eine Wahl. Kandidat A ist eher der unschlüssige Typ und sagt: „Wenn ich jetzt wüsste, wo Norden ist, würde ich sagen, lass uns in die entgegen gesetzte Richtung gehen, denn im Süden ist es warm." Eine fatale Entscheidung, wenn man sich auf der Südhalbkugel der Erde befindet. Kandidat A will übrigens auch noch nett sein und fragt alle anderen nach ihrer Meinung. Sie wissen schon: Jetzt kommt das obige Zeitproblem wieder ins Spiel. Aber es gibt ja auch noch Kandidat B und der sagt: „Anhand des Sonnenstandes erkenne ich, wo Norden und Süden ist. Im Nordwesten ist eine Stadt und ich habe soeben im Cockpit einen Kompass gefunden." Welchen von beiden Kandidaten würden Sie wählen, wenn es um Ihr Überleben geht?

Das Pferd ist als Beutetier immer in der Situation, in der es um sein Leben fürchten muss. Deswegen werden in Herden meist die durchsetzungsfähigen Pferde zum Anführer „gewählt". Betrachten Sie Ihr eigenes Verhältnis mit Ihrem Pferd, dann kann es sein, dass es ihnen deswegen auf die Füße tritt, weil es heraus finden möchte, ob Sie in der Lage sind, Ihr Pferd vorm angreifenden Tiger zu beschützen. Ihr ängstliches Pferd testet auch ihr Timing. Wenn Sie es zulassen, dass ihr Pferd meterweise vom vorgegebenen Weg abweicht und erst Sekunden später reagieren, dann fragt sich das Pferd: „*Der* will mich vorm Tiger beschützen? Lächerlich."

Apropos, lächerlich: Wenn Sie ein selbstbewusstes Pferd haben, dann lacht es Sie wahrscheinlich wirklich innerlich aus, wenn Sie so wenig Führungskompetenz mitbringen – vielleicht mutiert ihr Pferd dann sogar zum Mobber und amüsiert sich köstlich, wenn es Sie nach Gutdünken herum schubsen darf.

Egal, ob ängstlich oder nicht ängstlich: Wenn Sie keine Führungspersönlichkeit sind, dann trifft das Pferd eigene Entscheidungen, die für alle Beteiligten gefährlich enden können. Sie sollen allerdings kein brutaler Macho gegenüber Ihrem Pferd werden, aber seien Sie souverän und setzen Sie durch, was durchgesetzt werden muss und seien Sie überall dort tolerant, wo es eben ein Spiel ist und Sie ohne Gefahr für Leben und Gesundheit auch einmal sagen können: „Heute darfst Du entscheiden". Dieses Heute-darfst-Du-als-Pferd-entscheiden, müssen Sie sich aber verdienen: Sie müssen - genau wie bei Ihrem Hund oder auch Ihrem Kind - jederzeit in der Lage sein zu sagen: „Bis hierher und nicht weiter". Wenn Ihr Pferd aber das Gefühl hat, dass es nicht versklavt ist, sondern auch zumindest gelegentlich Entscheidungen treffen darf, dann wird es viel motivierter sein, wenn es „ernst" wird, z.B. auf dem Turnier (zumindest beim selbstbewussten Pferd). Das ängstliche Pferd wird ohnehin sagen: „Wenn du dabei bist, dann bin ich in Sicherheit." Und mal Hand aufs Herz: Zeigen wir nicht unserem menschlichen Nachwuchs auch unsere Liebe, indem wir die Kinder vor Unheil beschützen und z.B. durchsetzen, dass sie morgens in die Schule gehen, weil wir wissen, wie fatal es sich für die Zukunft auswirkt, wenn sie es nicht tun?

SINNLOS VON A NACH B GESCHICKT WERDEN VERSUS MILCHWAGENSPIEL

Sie sitzen in einem Raum mit zwei Türen. In ihrer Nähe ist eine rote Tür. Auf der gegenüberliegenden Seite hat der Raum eine blaue Tür. Wenn jemand Sie nun bittet, von der roten zur blauen Tür zu gehen – würden Sie das tun? Ich denke schon. Aber dann sollen Sie sofort zurück kommen. Das machen Sie ebenfalls gern. Wenn Sie aber nun gebeten werden, erneut zur blauen Tür zu gehen, werden Sie vielleicht stutzig und fragen: „Warum eigentlich?"

Das sinnlose von A nach B schicken ist oft genau das, was wir vom Pferd verlangen, wenn wir auf dem Reitplatz reiten. Das Pferd sieht keinen Sinn dahinter.

Wenn Ihr Gegenüber Sie aber zur blauen Tür schickt mit einem Auftrag wie „Kannst Du mir den Kasten Bier von der blauen Tür hierhin holen?" und dann vielleicht im Anschluss: „Ich habe es im Rücken – würde es Dir etwas ausmachen, wenn Du mir auch die Colakiste holst?" dann hätte das Ganze auf einmal einen Zweck und Sie würden möglicherweise sogar ein drittes Mal zur blauen Tür und zurück gehen.

Aus Sicht des Reiters macht das Reiten auf dem Platz vielleicht Sinn, weil er denkt, dass das Pferd eben zu seinem Wohl gymnastiziert werden muss und das ist ja auch richtig und wichtig. Es gibt ja Pferde, die regelrechte Bewegungsfanatiker sind und sehr gerne auf dem Reitplatz die eigene Athletik verbessern.

Aber es gibt eben auch die Pferde, denen der Reitplatz regelrecht verhasst ist und genau die können wir motivieren, indem wir allen gestellten Aufgaben einen Zweck geben. Eine Möglichkeit ist, dass wir in jeder

Ein Reitplatz ist nicht nur zum Reiten dann: Eckenspiel und Milchwagenspiel sind auch gute Ideen bei der Bodenarbeit. Hier führt Janik Steiner Ponystute Indi aus Zone 1 (also vor dem Pferd)

Ecke eine Pause machen, so dass das Pferd weiß, dass jeder Weg ein Ziel hat. Für besonders Reitplatz-unwillige Pferde könnte man in jeder Ecke eine Tonne aufstellen, auf der das Pferd ein Leckerchen findet. Es wird nicht lange dauern, dass das Pferd im Trab oder gar Galopp von Ecke zu Ecke prescht. Auch Probleme mit dem Ecken ausreiten, lösen sich in Luft auf.

Eine Parelli-Instruktorin hat mir in einem Kurs einmal die Geschichte vom Milchwagenspiel erzählt. Das Milchwagenpferd kannte genau seinen Weg. Wenn es an der Molkerei eingespannt wurde, konnte es erst einmal ein Nickerchen halten. Beim ersten Haus wusste das Milchwagenpferd, dass sich ein Nickerchen nicht lohnt, weil der Kutscher nur eben die Milch vor die Haustüre abstellt, aber beim zweiten Haus wird der Kutscher regelmäßig zu einem Schnaps eingeladen und weil man ja auf einem Bein nicht stehen kann .. Sie wissen schon: Hier lohnt sich das Nickerchen. Im dritten Haus wohnt aber Gevatter Griesgram, da geht es wieder schnell usw.

Daher könnte der Reiter allerlei Plastikhindernisständer auf dem Reitplatz verteilen und (*z.B. am ersten trockenen Tag nach einigen Regentagen, wo der Reitplatz eh nicht zum Galoppieren taugt*) und zur Abwechslung einmal mit seinem Pferd das Milchwagenspiel spielen: Es ist hervorragend geeignet, um faule Pferd zu motivieren, weil der Weg jetzt ein Ziel hat. Noch besser ist es natürlich dieses Spiel zunächst am Boden vorzubereiten. Es gibt auch andere Wege, das Vorwärtsgehen durchzusetzen, aber mit dieser Methode, ist es die Idee des Pferdes zur nächsten Ecke oder zum nächsten Hindernisständer zu gelangen.

ICH ARBEITE NUR MIT POSITIVER VERSTÄRKUNG – SINNVOLL ODER NICHT?

Natürlich ist Lob und Belohnung sinnvoll und sollte wohl auch den überwiegenden Teil der Pferdeausbildung ausmachen. Was mich dabei stört, ist das Wörtchen „nur", denn ich kenne ein paar Leute, die diesen Superlativ für sich in Anspruch nehmen, aber diesem hohen Anspruch genauso wenig genügen können wie jeder andere auch[6].

Das ist ja auch gar nicht im Sinne des Erfinders, denn in der Wissenschaft stehen positive und negative Verstärkung als gleichwertige Erziehungsmittel neben positiver und negativer Strafe. Es geht ja nur darum, ob etwas hinzugefügt wird oder etwas weg genommen wird. Positive Strafe wäre also, dass ich das Pferd weg schubse, bevor es mir auf den Fuß tritt. Negative Strafe könnte das Fernsehverbot bei unseren Kindern sein. Klassisches Beispiel für die negative Verstärkung ist der Elektrozaun, der auch noch ein hervorragendes Timing hat und positive Verstärkung kann sowohl Lob als auch eine Möhre sein. Es ist rein mathematisch und hat rein gar nichts mit gut und böse zu tun.

Ich finde für mich selbst Lob natürlich auch besser als Kritik, aber wenn ich – egal, was ich mache – immer nur gelobt werden würde und mir nie gesagt wird, was ich besser machen kann ... wäre schon komisch. Ich kann da auch sehr gut mit leben, wenn meine Mitmenschen mir sagen, was sie gut finden und was nicht und kann nachvollziehen, wenn sie Konsequenzen

---

6 Auch zu diesem Thema gibt es ein Video von und zwar im Zirkus- & Vlog-Channel von **12 Oaks TV**: https://youtu.be/r9eIuxqA8Oo

Beim Horse-und-Dog-Trail, bei dem die Grunderziehung „sitzt", arbeitet die Autorin ebenfalls mit positiver Verstärkung und Futterlob. Hier mit Painthorse Fancy und Mischlingshündin Lucy.

ziehen, falls ich das Verhalten, das sie nicht mögen, einfach beibehalte.

Warum haben manche Menschen aber so viel Angst davor, dem Haustier einmal genauso Grenzen zu setzen wie dem eigenen Nachwuchs? Beim eigenen Kind stellt sich die Frage nicht, weil das Kind i.d.R. weiß, dass es geliebt wird und dass auch eine gelegentliche Strafe, wie das Fernsehverbot, der Liebe keinen Abbruch tut.

Kann ich das nicht auch bei meinem Haustier genauso handhaben? Dass ich, eben *weil* wir so eine gute Beziehung haben und *weil* ich mich in so vielen Dingen um Respekt und Höflichkeit dem Pferd gegenüber bemühe, auch mal sagen darf: „Dieses Verhalten von Dir ist nicht erwünscht"?

Ich nehme an, dass manche Trainer dieses „Ich arbeite NUR mit positiver Verstärkung" als eine Art Bauernfängertrick nutzen, denn was wäre das schön, wenn es nie wieder Konflikte geben würde: unser aller innigster Wunsch. Aber Konflikte gehören zum Leben dazu und wenn ich meinen Partner, mein Kind oder mein Haustier liebe, dann stelle ich mich diesem Konflikt und bin bereit, auch gelegentlich etwas durchzusetzen – zum Wohl des Pferdes, aber manchmal auch zu meinem eigenen Wohl. Denn auch Menschen haben Rechte und dürfen diese auch durchsetzen. Meine Empfehlung in Sachen „Behaviourismus" wäre:

„Ich arbeite nicht *nur,* aber immerhin zu 80 Prozent mit positiver Verstärkung und entscheide wohlüberlegt von Fall zu Fall, welche Strategie in der jeweiligen Situation die Beste ist."

STATT PFERDE CLICKERN
MAL KINDER CLICKERN

Stellen Sie sich vor, dass Ihr Kind freudestrahlend nach Hause kommt und ausruft: „Ich habe eine Eins in Mathe geschrieben.", worauf Sie ein Gerät in Ihrer Hand bedienen, dass „Klick" macht. Weil das Verhalten ja jetzt mit dem Klickgeräusch „markiert" ist, können Sie in aller Seelenruhe zum Süßigkeitenschrank gehen und eine Tafel Schokolade herausholen, die das Kind nun als Belohnung bekommt.

Können Sie sich in die Lage des Kindes versetzen? Sie wurden ja in der Tat für Ihre Leistung gelobt, aber fühlt es sich so an wie Anerkennung? Es gibt ja mittlerweile sogar Führungskräfte-Seminare, die den Unterschied zwischen Lob und Anerkennung thematisieren. Warum nur?

Es ist wieder das Gefühl, das fehlt, denn wenn Sie die Leistung eines anderen von tiefem Herzen anerkennen, dann empfinden Sie Freude und genau die strahlen Sie dann auch aus. Ich finde, dass das Gefühl von Freude, das auf mich überschwappt, viel, viel angenehmer ist als ein Klickgeräusch – davon abgesehen, dass nichts ein besseres Timing hat, als das Gefühl, das besser erspürt wird als ein Geräusch.

Was ist denn jetzt eigentlich der Grund, warum wir meinen, unsere Haustiere clickern zu müssen? Bei Delfinen, die im Wasser leben und auf Pfeifgeräusche konditioniert sind, ist das für mich ja noch halbwegs nachvollziehbar, weil sie ein Stimmkommando unter Wasser wirklich nicht hören können. Außerdem kann man einem Delfin kaum durch Heben und Positionieren der Flosse das gewünschte Verhalten quasi vormachen. Beim Pferd geht das aber ziemlich gut: Ich kann beispielsweise den Huf nehmen und ihn nach hinten oder vorne führen, mich riesig freuen, wenn das Pferd es richtig macht und dann mit einer Pause oder auch einem Leckerli belohnen.

So betrachtet, geht mir die Notwendigkeit des Clickerns einfach nicht auf. Als Vorteil wird immer gerne angeführt, dass das Geräusch immer gleich ist und außerdem wäre der Klick vom Timing viel besser. Trauen wir unseren Tieren so wenig Intelligenz zu, dass wir sie derart mechanisch trainieren müssen?

Pferde sind so feinfühlige Lebewesen, dass in einer Herde von über hundert Tieren nur eines den Kopf hebt und alle anderen heben ihn zeitgleich auch - und wir glauben, dass diese sensiblen Wesen nicht merken, wenn wir uns einfach über ihre Leistung freuen? Ich kann Sie an dieser Stelle nur fragen: Wenn Sie etwas lernen sollen: Möchten Sie wirklich, dass Sie von Ihrem Lehrer geclickert werden?

Turnierpony „Golden Lucky Boy"

WARUM IGNORIEREN NICHT DER WEISHEIT LETZTER SCHLUSS IST

Es gibt Situationen, wo ich unerwünschtes Verhalten in der Tat ignoriere: Wenn ein Pferd beim Longieren buckelt zum Beispiel – vielleicht bin ich sogar sattelfest genug, den einen oder anderen Freudenhüpfer beim Reiten ebenfalls galant auszusitzen.

Aber es gibt Verhaltensweisen, bei denen ich der Meinung bin, dass diese überhaupt nicht vorzukommen haben – auch nicht ein einziges Mal. Steigen ist ein gutes Beispiel oder wenn ein Pferd sich nicht anhalten lässt und ich befürchten muss, dass es im Gelände auf die Idee kommt, im Renngalopp mit mir zusammen auf die nächste Bundesstraße zu laufen.

Nehmen wir mal ein Beispiel aus dem menschlichen Bereich. Angenommen Sie selbst sind Chef und einer Ihrer Angestellten, nimmt sich jede Woche zehn Euro aus der Kaffeekasse. Ein Betrag, der Ihnen in Ihrem erfolgreichen Unternehmen nicht wirklich weh tut, aber in Ordnung finden Sie das natürlich nicht, was Ihr Mitarbeiter sich da heraus nimmt. Sie beschließen, dieses Verhalten so lange zu ignorieren, bis der Mitarbeiter von selbst aufhört, sich an der Kaffeekasse zu bedienen. Tut er aber nicht und so gehen erst Wochen, dann Monate, dann Jahre ins Land.

Allmählich wird Ihnen klar, dass Ignorieren für dieses Verhalten nicht das Mittel der Wahl ist und Sie beschließen sich nun doch der Konfrontation mit dem Mitarbeiter zu stellen. Glauben Sie, dass dieser sein Privileg nach dieser langen Zeit kampflos aufgeben wird? Möglicherweise fühlt er sich nun von Ihnen unfair behandelt, denn Sie haben doch nie etwas gesagt.

Wenn Sie mit Ihren Pferden umgehen, ist das nicht anders. Sie sollten einfach (wenige) Regeln aufstellen, die sinnvoll sind. Sie können auch eine Menge Freiräume einräumen, aber die wenigen gestellten Regeln müssen Sie durchsetzen, wenn Sie von Ihren Angestellten (oder eben Ihrem Pferd) ernst genommen werden wollen. Je länger Sie ein unerwünschtes Verhalten dulden, desto härter müssen Sie am Ende durchgreifen. Deswegen ist es manchmal sinnvoll, von Anfang an für klare Verhältnisse zu sorgen, denn so vermeiden Sie es, irgendwann einmal den symbolischen Holzhammer auspacken zu müssen.

Obwohl es bei Tieren so etwas wie ein selbstbelohnendes Verhalten gibt (z.B. wenn ihr Hund jagt), empfiehlt es sich zuweilen bei der Durchsetzung Ihrer Regeln umgekehrte Psychologie anzuwenden und etwas völlig Unerwartetes zu tun: Wenn Sie beispielsweise ein Pferd haben, das sich nicht einfangen lässt, gehen Sie hin, halftern es auf, geben dem Pferd eine Möhre und ziehen das Halfter wieder aus: Überraschung.

WENN FÜHREN FAST ZUM WÜRGEN WIRD

Pferde sollen ja Feiglinge sein und zu klaustrophobischen Reaktionen neigen: In diesem Zusammenhang ist mir unbegreiflich, wie Pferde landauf, landab am kurzen Führseil geführt werden oder mit Gebiss, wo die Hand der Führperson gerade einmal fünf Zentimeter unter dem Pferdekinn platziert wird.

Wenn Sie dies im Partnerspiel ausprobieren möchten, sollten Sie eine Krawatte tragen und sich dann gegenseitig am Schlips führen – eine Art Halfter um den Kopf könnte auch hilfreich sein, um in den zweifelhaften Genuss dieser widersinnigen Führmethode zu kommen. Warum ist dies Usus? Denkt der landläufige Pferdemensch, dass er sein Pferd so sicherer führen kann? Dem widerspricht die Hebelwirkung, denn je länger das Seil, desto größer wird die Krafteinwirkung. Auch dies können Sie in einer Simulation einmal ausprobieren. Wenn Sie zwei Bodenarbeitsseile in der Länge von vier und sieben Metern haben, dann probieren Sie folgendes aus.

Sie legen das Seil zwischen sich und Ihren Partner, so dass dieser genug Seil hat, um zurückgehen zu können. Dann bewegen Sie das Seil erst nur mit dem Zeigefinger, dann aus dem Handgelenk, dann aus dem Ellbogen und schließlich aus dem Oberarm und vergleichen die Wirkung des kurzen mit dem langen Seil.

Ein Pferd kann alleine laufen und braucht kein Gaspedal – deswegen funktioniert das Führen am langen Seil recht gut: Statt hinterher ziehen, ist es fürs Pferd logischer, wenn es von hinten mit dem Stick getrieben wird, falls es einmal nicht freiwillig folgt.

SINN & UNSINN VON STIMMKOMMANDOS

Stimmkommandos sind an sich eine tolle Sache, aber nur dann, wenn der Mensch nicht auf sie angewiesen ist. Denn wenn ich als Westernreiter „Whoa" sage und das Pferd hält nicht an, dann ist dieses Kommando schnell verwässert, wenn ich nicht in der Lage bin, die Stimmhilfe auch durchzusetzen.

Außerdem wäre es doch wirklich schön, wenn ich so eine tiefe Beziehung zum Pferd entwickle, dass es bereits auf meine Gedanken reagiert. Harmonie ist doch, wenn ich mein Pferd lenken kann, indem ich einfach in eine bestimmte Richtung schaue und es folgt meinem Blick. Wenn Anhalten und Rückwärts funktioniert, indem ich nur den Bauchnabel einziehe: Das sind doch die hehren Ziele, die ich als Horseman oder Horsewoman anstrebe – unter anderem vielleicht auch deswegen, weil ich auf Turnieren so besser bewertet werde. Gerade fürs Turnier kann ich meinem Pferd aber auch das Gegenteil beibringen: Nämlich, dass es die Stimmhilfe abwartet. Wenn ich also mein Bein zurück nehme, dann soll das Pferd noch nicht angaloppieren, sondern erst dann, wenn auch das Kussgeräusch kommt. So kann ich viel punktgenauer angaloppieren. Sinn macht ein Stimmkommando immer dann, wenn ich es ein einziges Mal sage und darauf verlässlich die gewünschte Reaktion kommt.

Nun zum Unsinn von Stimmkommandos: Ich persönlich finde es ja mehr als enervierend, wenn Pferdeleute ununterbrochen schnalzen, um das Pferd anzutreiben. Wie muss sich das fürs Pferd anfühlen? Oft wird vergessen, dass auch ein Stimmkommando als Druck empfunden wird und so ist zu überlegen, dem Stimmkommando eine feinere körpersprachliche Hilfe vorweg zu schicken. Auf keinen Fall sollte ein Stimmkommando mehrfach gegeben werden, denn das artet ja dann wirklich in Dauernörgeln aus oder es wird fürs Pferd zu einer Art Berieselung, die es schlicht ignoriert.

Ich finde es sehr wichtig, dass ein Reitanfänger oder Bodenarbeitsschüler zunächst lernt, eine Zeitlang ganz ohne Stimmkommando auszukommen, denn dann ist er in der Lage, Stimmkommandos wohldosiert und mit Sinn und Verstand einzusetzen.

Außerdem ist es eine Frage der Höflichkeit, dass wir nicht nur vom Pferd verlangen, dass es unsere Sprache lernt, sondern das wir im Gegenzug auch bereit sind, die Sprache der Pferde zu lernen. Und das beginnt zunächst mit dem Erlernen der Körpersprache und wird verfeinert in einer energetischen Kommunikation, die schon telepathische Züge hat – pferdisch eben.

JOIN UP VERSUS CATCHING GAME

Wenn wir uns bis hierhin einig geworden sind, dass wir eine Kommunikation mit dem Pferd erlernen, die der Pferdesprache so nah wie möglich kommt, dann liegt der Gedanke nicht fern, es mit dem Join Up nach Monty Roberts zu versuchen[7]. Immerhin hat er ja Wildpferde beobachtet und das Join Up imitiert genau dieses beobachtete Verhalten. Meines Erachtens gibt es aber hierbei einen Denkfehler: Roberts hat beobachtet, wie eine ranghohe Stute einen Junghengst bestraft, der sich zuvor ungebührlich verhalten hat. Damit wäre also dann auch logischerweise ein Join-Up eine adäquate Möglichkeit, ein Pferd zu bestrafen, was zuvor irgendetwas „angestellt" hat.

Aber es werden ja auch Pferde im Roundpen Runde um Runde im Kreis geschickt, die sich zuvor absolut vorbildlich verhalten haben. Wenn nun Gewalt so definiert wird, dass das Pferd niemals einen Klaps erhält oder weg geschubst wird, weil es zu aufdringlich ist, dann ist das Join Up ganz sicher eine gewaltfreie Methode. Dennoch wird Zwang angewendet, denn das Pferd ist in einen runden Käfig eingesperrt aus dem es kein Entrinnen gibt und es muss rennen – ob es will oder nicht. Wenn dann endlich, endlich das Angebot kommt, dass das Pferd zum Menschen kommen darf und es erlebt, dass in der Nähe des Menschen das sinnlose im Kreis rennen ein Ende hat, ja dann folgt es dem Menschen. Würden Sie doch auch tun, oder?

Vor einigen Jahren habe ich auch noch gedacht, dass ich mir aus jeder Methode das herauspicke, was ich

---

7   Monty Roberts, Das Wissen der Pferde, Bastei-Lübbe 2002, ISBN 978-3-404-60510-1

für passend empfinde – das ist dann etwa so, als würde ich 50 Wörter Französisch mit 100 Wörtern Englisch und 150 spanischen Wörtern kombinieren – bis unsere Painthorsestute Fancy zu uns kam. Unser Roundpen hat einen sehr kleinen Zaun und die damalige Trainerin, die mich im Join Up unterrichtete, forderte mich auf mehr Druck zu machen, worauf Fancy völlig panisch reagierte und beinahe mitten durch den Roundpen-Zaun gerannt wäre.

Nun hatte ich aber in der Einführung versprochen, dass ich keine Methode verdammen möchte, sondern vielmehr für ein Nebeneinander aller erwähnten Methoden plädiere (*positive Verstärkung und Clickern sind ja z.B. für Zirkustricks geeignet*). Gleiches gilt natürlich auch für das Join Up. Das macht nämlich genau dann Sinn, wenn Pferde sich auf der Weide nicht einfangen lassen. Genau das ist der Moment, in dem der Pferdemensch mit Fug und Recht sagen kann: „Du willst rennen? Komm … ich helf Dir dabei." Er sollte natürlich zeitgleich hinterfragen, warum das Pferd ihm nicht freudig entgegenkommt: Passt die Ausrüstung? Wie empfindet das Pferd das Training?

Pat Parelli hat uns, als wir einen Kurs in Florida besucht haben, eine Roundpen-Arbeit gezeigt, die dem Kalt-Warm des Ostereiersuchens ähnelt, aber das ist eher etwas für Fortgeschrittene. Beim Roundpen plädiert Parelli auf zahlreichen Lehr-DVDs für eine niedrige Umzäunung, denn dann sind wir gezwungen, vorsichtig zu sein: Wir können dann einfach nicht zu viel Druck machen, denn ansonsten würde das Pferd aus dem Roundpen heraus springen. Ein weiser Rat, wie ich finde.

Auf dem Bild sehen Sie Fancys Tochter Queenie. Fancy war tragend mit ihr, als ich diesen misslungenen Join-Up-Versuch unternommen habe. Es hat Queenie jedoch nicht geschadet.

DER PFERDEANHÄNGER ALS KÄFIG AUF VIER RÄDERN

Beim Verladen geht es eigentlich gar nicht so sehr darum, dass das Pferd möglichst *schnell* irgendwie in den Hänger hinein geht, sondern eigentlich sollte das Verladen so ablaufen, dass es beim nächsten Mal umso besser funktioniert. Mein ehemaliger, mittlerweile verstorbener Trainer Marko Pohland hat einmal gesagt, dass Pferde vom Tag ihrer Geburt an traben und galoppieren können und wir ein Pferdeleben daran setzen, um diese Gangarten zu verbessern. Ausgerechnet beim Pferdeanhänger erwarten wir aber, dass unser Pferd diesen auf Anhieb betritt. Widersinnig.

Pat Parelli, der die Bezeichnung „Natural Horsemanship" geprägt hat, hat einmal gesagt, dass der Pferdeanhänger für das Fluchttier Pferd ein Käfig auf vier Rädern ist oder aber aussieht wie die Höhle eines Raubtieres. Und dann stehen wir Menschen – nach Pat Parelli das ultimative Raubtier – also im Inneren des Hängers und sagen: „Komm herein, es passiert Dir nichts." Also ich persönlich denke da immer an den bösen Wolf im Märchen vom Rotkäppchen. Parelli warnt davor, die Türe zu schließen, sobald das Pferd sich entschlossen hat, den Anhänger zu betreten. Denn genau dann werden die schlimmsten Befürchtungen des Pferdes wahr: Es wurde gefangen genommen und wird beim nächsten Mal kaum noch gewillt sein, sich erneut gefangen nehmen zu lassen.

Wie würde es Ihnen gehen, wenn Sie Angst haben und man Ihnen die Chance verwehrt, sich langsam vorzutasten? Und genau dieses langsame Vortasten ist das, was dafür sorgt, dass Lernen schnell vonstatten geht. Auch wenn es sehr mühsam klingt, aber wenn

Sie alles, was Ihr Pferd lernen soll, in kleinstmögliche Schritte aufgliedern, dann müssen Sie keine Bedenken haben, diese Babyschritte einzufordern und vermeiden auch Streitereien mit dem Pferd, weil es wohl kaum aus Überforderung in den Widerstand geht.

Alles, was Sie können, haben Sie ebenfalls in kleinen Schritten gelernt, denn Sie waren erst im Kindergarten, dann in der Grundschule und erst dann in der weiterführenden Schule und niemand hat von Ihnen verlangt, dass Sie ein Schuljahr auslassen. Es gab eine bestimmte Reihenfolge der Lernschritte, wo Eines aufs Andere aufbaut und genau so macht Lernen eben am Meisten Spaß: Mensch und Tier.

Und nun auf zum gemütlichen Teil : Wir kennen uns ja jetzt gut genug, dass ich zum "Du" übergehen kann - denn ab jetzt ist es nicht mehr so bierernst

DURCHSETZEN UM JEDEN PREIS ODER DIE SACHE MIT DEN MIETPFERDEN

Eigentlich hatte ich mein Buch schon als eBook frei gegeben und dann ist mir doch noch etwas passiert, was hier unbedingt herein gehört. Also habe ich das eBook bei books on demand wieder gekündigt, mich entschlossen, das Buch umfangreicher zu machen und diese Geschichte noch zu erzählen. Und ich habe ein Als-Ob-Nachwort erstellt, damit es sich auch lohnt dieses Buch nicht nur elektronisch, sondern auch als Taschenbuch zu veröffentlichen. Hier kommt nun eine Anekdote als krönender Abschluss und im Als-Ob-Nachwort lest ihr einen meiner Artikel für Pferdeportale, die ich nächstes Jahr als Taschenbuch-Sammlung veröffentliche. Jetzt aber zur finalen Geschichte:

Ich gebe ja nicht nur Horsemanship- und Reitunterricht: Man kann bei uns auch ausreiten (*Achtung – es könnte ab jetzt versehentlich leicht satirische Züge annehmen*). Es gibt Kunden, die nehmen Unterricht und reiten ab und zu gerne aus: Die sind toll. Es gibt aber auch die Kunden mit einer Eigenschaft, die ich Phantasialand-Mentalität nenne. Diese zeichnen sich vor allem dadurch aus, dass sie in ihrem Leben meist nicht mehr als ein Dutzend Reitstunden erhalten haben, aber aufgrund einer gewissen Sattelfestigkeit glauben, dass sie hervorragende Reiter sind.

Jetzt kratzen meine Kinder und ich so sehr am Existenzminimum (*unserem eigenen und dem unserer Pferde, wobei wir den Wintervorrat Heu hier stehen haben und nun nicht genau wissen, wie wir an den eigenen Wintervorrat kommen sollen – siehe auch Buchtipp ganz am Ende*), dass wir es uns nicht leisten können zu verlangen: *„Erst nimmt jeder Neukunde* *eine Bodenarbeitsstunde, denn genau das bereitet die erste Reitstunde vor und wenn die Grundlagen erlernt sind, dann können Sie gerne auch einen Ausritt buchen. Wie viele Stunden zum Erlernen der Grundlagen nötig sind, ist sehr individuell und nicht vorhersehbar.*" Denn genau das wäre natürlich das seriöse Vorgehen. Jetzt ist ja leider den Jobcentern die Selbstständigkeit der Hartz-IV-Empfänger ohnehin schon ein Dorn im Auge, wenn die dann auch noch mit einem Beruf im Pferdemetier aufstocken, dann entgleisen kollektiv sämtliche Gesichtszüge der Jobcenter-Mitarbeiter landauf, landab. Wer Hartz-IV bezieht, arbeitet entweder gar nicht oder verdient genug, dass es für drei Personen reicht, so scheint die Forderung zu sein. Darüber habe ich ja ein eigenes Buch geschrieben.

Wir können unseren Lebensunterhalt also nur sicherstellen, wenn wir auch Ausritte anbieten. Klar, nicht für Anfänger, aber es gab Zeiten, da haben wir jeden ins Gelände gelassen, der von sich sagte, er habe langjährige Reiterfahrung. Jetzt gibt es natürlich erhebliche Unterschiede in Sachen Selbstwahrnehmung und Fremdwahrnehmung, was dazu führte, dass nun die Kunden uns erklärten wie unsere Pferde zu reiten seien. Mein Sohn hat einmal erfolglos versucht, einem „sattelfesten" Vater zu untersagen unsere Fancy mit einem Stock, den er irgendwo von einem Baum gerissen hatte, zu schlagen, weil, diese ihm nicht „schnell" genug war. Dieser erwiderte: „Keine Sorge – ich komme schon klar." Meinem Sohn ging es eigentlich eher darum, wie es für seine Fancy ist, hinten mit Stock geschlagen und vorne am Zügel gezogen zu werden, aber diese Idee kam dem Herrn nicht in den Sinn. Daraufhin haben wir uns entschieden:

Bevor wir ausreiten, schauen wir uns die Reitkünste der Kunden erst einmal an und ernteten von manchen Leuten blankes Entsetzen und prompte Absagen. Es gab auch Anfragen, ob man sich die Pferde nicht einmal für einen Junggesellenabschied mit 20 Leuten ausleihen könne, weil zwei davon erfahrene Reiter seien. Das sagten nun wir ab: Das Entsetzen stieg ins Unermessliche, aber im Entsetzen-Toppen sind wir nicht zu schlagen und haben die Regel eingeführt, dass Neukunden zumindest im Erstkontakt ausschließlich den elektronischen Weg „eMail" zu nehmen hätten oder für ein erstes Kennenlernen bei unseren Gruppenreitstunden zuschauen. Das schlug jetzt dem Fass endgültig den Boden aus. Man habe eine Stunde Fahrt und bevor man einen Ausritt bucht, müsse man doch erst am Telefon erfahren, ob es menschlich passt. Hallo? Es geht um einen zweistündigen Ausritt und nicht um den Bund fürs Leben. Das sei egal, klärte man mich auf, denn auch die Freundinnen der werten Dame seien von meiner mangelnden Kundenfreundlichkeit – mal wieder - entsetzt gewesen.

Bei anderen Reitställen würde Service groß geschrieben, aber wir? Als ich dann der Dame empfahl, sie möge dann doch bitte in diesen anderen telefonfreundlichen Reitställen ihren Ausritt buchen, wäre sie mir wahrscheinlich durch den Hörer gesprungen, wenn sie den Meinigen hätte erwischen können. Aber das habe ich ja gekonnt zu verhindern gewusst, denn meine Telefonnummer ist gut versteckt auf der Homepage. Es gibt aber immer wieder Leute, die sich durch die 120 Unterseiten kämpfen, um die Telefonnummer in detektivischer Kleinstarbeit dann doch herauszusuchen. Und so eine Dame hatte ich vorgestern um 20 Uhr 45 abends am Apparat. Weil die Dame sich am Telefon bereit erklärte, sie würde auf jeden Fall den verpflichtenden Unterricht vorab buchen, habe ich das Ganze eben doch telefonisch abgewickelt – bin ja nicht so. Ich hatte die Dame aber gebeten, doch wenigstens jetzt noch eine Bestätigungsmail hinterher zusenden. Daraufhin erzählte sie mir im Plauderton, dass sie das gelesen hätte mit der Telefonpflicht, aber sie habe gedacht, ich hätte im November bestimmt nicht so viel zu tun und hätte sicherlich Zeit für ein Telefonat. Recht auf Freizeit hat man als Reitstallbetreiber wohl auch nicht, schon gar nicht abends um 20 Uhr 45, denn das wurde mir auch noch lang und breit erklärt. Sie sei davon ausgegangen, dass ich um diese Uhrzeit keine Kunden habe. Freizeit hatte ich übrigens auch nicht: Ich hatte gerade vor lauter Schreck über das Telefonklingeln das eBook bei books-on-demand freigegeben, was ich am nächsten Tag unter Versehen-Gemurmel prompt wieder gekündigt habe, denn die Dame ist mit ihrer Tochter zusammen ja der Anlass für diese letzte Geschichte. Die Mail kam übrigens nicht, aber die Dame und zwar zu spät und ohne die

Gefolgschaft der angekündigten Freundin. Die Tochter springe jetzt ein, erfuhr ich. Sie sei im Stau gewesen und beim Autofahren habe sie auch keine eMail oder SMS schreiben können – steuern die das Fahrzeug zu zweit????

Da ich im Anschluss einen Folgetermin hatte und ich in Ermangelung einer Mail oder Telefonnummer nicht erfahren konnte, ob die Dame kommt oder nicht, habe ich dann eben nicht mit Satteln angefangen, sondern mir die Beine in den Bauch gestanden und gedacht: „Ich warte genau 15 Minuten, dann gehe ich nach Hause." Als ich das gerade tun wollte, erschienen die beiden. Es folgte ein hektisches Satteln und ich wollte die verlorene Zeit bei der Reitstunde einsparen. Das geht eigentlich ganz gut, wenn man sich darauf beschränkt, dass man erstens die Hilfengebung als Phasensteigerung à la Anklingeln, Anklopfen, Tür-eintreten erklärt und zweitens die Notfall-Zügelarten.
Der Zügel ist naturgemäß das symbolische Tür-Eintreten, wenn das Pferd auf das Lenken über 1. Blick

Larissa zeigt den Zügel zum Lenker: der direkte Zügel:

2. Bauchnabel und 3. Bein anlegen nicht reagiert oder wenn der im Westernreiten bekannte One-Rein-Stop nötig wird, falls das Pferd sowohl das Wörtchen

„Whoa" als auch das tiefe Einsitzen in den Sattel ignoriert. Das ist alles schnell erklärt, es sei denn man hat Kunden, die jeden zweiten Satz mit einer Warum-Frage unterbrechen. Da kommt man sich vor wie im Kindergarten. Das Dumme ist, dass man einem Kindergartenkind durchaus mit der Gegenfrage kommen könnte: „Warum ist die Banane krumm", aber frage das mal einen zahlenden Kunden, der springt Dir entweder ins Gesicht oder verweigert jegliche Zahlungen für die nicht-erwünschte Dienstleistung namens Reitunterricht.

Genau diesen haben Ausreitkunden in aller Regel nicht nötig, weil diese ja die Kunst beherrschen nicht vom Pferd zu fallen: Aber diese Kunden waren über dieses Stadium hinaus. Die Tochter hatte sogar einmal ein dreiwöchiges Praktikum bei einer renommierten Westerntrainerin gemacht und die macht das anders, wurde ich belehrt. Ich erklärte, dass ich im Westernreiten natürlich auch anders reite, aber diese Notfall-Zügel *Grundlagen* seien, worauf alles andere aufbaut. Ich rechtfertige auch noch, dass wir uns entschieden haben, dass genau diese oft vergessenen Grundlagen Inhalt der ersten Stunde bei AUSREITKUNDEN seien, damit diese jeder Situation gewachsen seien z.B., wenn das Pferd mal durchgeht. Meine Antwort war aber nicht zufriedenstellend und mir wurde erklärt, dass es doch viel zu lange dauert, bis der Reiter den einen Zügel angenommen hat und das Ziehen an beiden Zügeln doch viel schneller ginge, um das Pferd anzuhalten. Ich erzähle eine Geschichte aus Pat Parellis Buch[8] und zwar die, in der er schreibt, dass das Ziehen an zwei Zügeln so sei, als würde man beim

---

[8] Natural Horsemanship, Pat Parelli, Kierdorf-Verlag 1995

Auto die Kupplung kommen lassen. Jetzt hörten die Warum-Fragen auf und ich konnte sagen, was ich wollte: Ich erntete nur noch erhobene Augenbrauen oder ein mitleidiges Lächeln, was ich zunächst zu ignorieren versuchte, aber dann doch thematisierte: „Du guckst mich an, als hätte ich sie nicht mehr alle." Nein, nein, das würde sie nicht.

Dann war da ja auch noch die Mutter mit einer ganz eigenen Problematik. Die beschwerte sich darüber, dass das Pony zwischendurch die Ohren anlegt. Als ich ihr sagte, dass ihre Energie zu hoch sei, erhielt ich auch von ihr den Blick, bei dem ich befürchtete, sie ruft gleich die Herren mit der Zwangsjacke. Aber das tat sie nicht, weil ich in Selbsterhaltungsmanier die Strategie wechselte und sagte: „Du bist ein bisschen angespannt und das spiegelt das Pferd." Wir hatten endlich eine gemeinsame Kommunikationsebene gefunden und ich bekam dennoch gleich wieder einen aufs Dach: „Das hatte ich Ihnen am Telefon aber gesagt, dass ich mal einen Reitunfall hatte und deswegen Angst habe." Ich verkniff mir die Bemerkung, dass Reitunterricht die Gefahr von Reitunfällen erheblich reduziert aus Angst, dass sie dann die besagten Herren mit der Zwangsjacke anruft und wandte mich wieder der Tochter zu, während ich murmelte, dass man dann wohl das Ohren-Anlegen des Ponys ignorieren müsse: Armer Lucky. Bei der Tochter erging es mir aber nicht viel besser, denn da kam auch eine Klage: „Man fühlt sich ja hier, als wäre man Anfänger", lamentierte sie, während sie in dauerhaften Ferseneinsatz Ciscos Bäuchlein bearbeitete. Ich erdreistete mir genau das zu bemängeln und wurde erneut belehrt: „Der ist ja total lahm im Schritt." Ich dachte zwar im Stillen: „Na und," ergriff aber die Flucht nach vorn und sagte: „So dann gehen wir jetzt ins Gelände," wobei ich ganz schwer mit mir selbst gekämpft habe: Hätte ich es mir leisten können, hätte ich wohl gesagt: „Wer so wenig Interesse an unserem Unterricht hat, der darf mit unseren Pferden nicht ausreiten." Jetzt sind unsere beiden Ponys aber absolut anfängergeeignet, grottenbrav und ich kann mich darauf verlassen, dass sie mir im Gelände einfach hinterher laufen. Also bat ich die Damen statt zu reiten, doch bitte einfach nur oben zu sitzen und das jeweilige Pony in Ruhe zu lassen, solange es dem von mir besetzten Führpferd folgt. Das ging dann tatsächlich sogar die erste Stunde des Ausrittes sehr gut und auch Lucky hatte das mürrische Ohrenanlegen zwischenzeitlich eingestellt.

Wir ritten zu den beiden Ruinen, die es in unserer Gegend gibt. In die Erste sind wir hinein geritten. Bei der Zweiten bat ich das Mutter-Tochter-Pärchen aus Platzgründen ohne mich bis zum Zaun zu reiten. Das hätte hervorragend klappen können, wenn denn Lucky vorgegangen wäre, aber das macht der bei unsicheren Menschen halt nicht. Die Tochter war das genaue Gegenteil und wollte das an-den-Zaun-reiten jetzt um jeden Preis durchsetzen. Man hatte mich auf dem Reitplatz ja noch belächelt, als ich erklärte, dass die Phasen fürs Anreiten erst Kreuz-Anspannen, dann Bein-Anlegen und dann ein Touchieren mit Gerte oder Zügelende ist. Nun war das Touchieren mit dem Zügelende doch recht und Cisco trat einen Schritt nach vorn, worauf ich sagte: „Alles klar, wir reiten weiter." Das sah die Tochter jetzt aber überhaupt nicht ein und erwiderte im Brustton der Überzeugung: „Wenn ich das jetzt durchgehen lasse, dann hat er doch gewonnen." Ich dachte bei mir: „Was ist das hier? Ein Boxkampf" sagte aber: „Wieso gewonnen? Er ist doch einen Schritt vor gegangen." „Ja, aber nicht bis zum Zaun", wurde ich belehrt. Ich erklärte ihr, dass es Situationen gibt, wo man klüger sein muss als das Pferd und sich mit dem einen Schritt nach vorne zufrieden geben könne, weil das Pferd am nächsten Tag zwei und am dritten drei Schritte tut. Ihr habt es Euch sicher gedacht: Ich wurde wieder belächelt. Langsam war mir das zu doof, dass ich – wo ich jahrelang eine Fortbildung nach der anderen besuche – für mein Wissen ununterbrochen belächelt werde und fragte: „Was hat denn das Pony mit Dir zu tun? Warum sollte es für Dich bis ganz nah an den Zaun gehen?" Die 19jährige trumpfte auf: „Na ja, ich reite den ja wohl." Ich verkniff mir nun jegliche Bemerkung darüber, dass man sich am Boden ja eigentlich erst eine Beziehung zum Pferd aufbaut und diese dann in den Sattel überträgt und der Gehorsam aus dieser Beziehung resultiert, aber ich ärgerte mich maßlos über so viel Ignoranz.

Ich weiß ja nicht, ob ihr es schon wusstet[9], aber auch Reitlehrer sind Menschen. Reitschulpferde sind übrigens auch Lebewesen, aber das interessiert den Ausreitkunden im Was-machen-wir-heute-Phantasialand-Stil eher weniger: Das Einzige, was zu interessieren scheint, ist, dass das Pferd nur ja nicht *gewinnt*. Ich bin ja ein Freund von Win-Win-Situationen, aber statt mich für diese Einstellung belächeln zu lassen, erkundigte ich mich boshafterweise nach den Trainern, bei denen die junge Dame gelernt und wie viele Reitstunden sie schon auf dem Buckel habe. Eigentlich so gut wie gar keine, erfuhr ich, ganz früher mal ein paar Englischstunden und jetzt kam ein Loblied auf all die

---

9 Ihr wisst schon: Comedian Rüdiger Hoffman fragt das immer

Leute, bei denen die junge Dame hat reiten dürfen. Da war ja erst mal das dreiwöchige Praktikum bei der renommierten Westerntrainerin. Da habe sie zwar keinen Unterricht erhalten, aber beim Jungpferde ausbilden geholfen .. wobei … sie hätte sich eher immer gewünscht ins Gelände zu gehen und das habe die Westerntrainerin dann auch mit ihr gemacht. Aber wenn mal Zeit war, dann hätte diese Trainerin ihr Bodenarbeit gezeigt. Die Trainerin mache auch Natural Horsemanship und die hätte gesagt, die 19jährige könne das alles schon gut. Zeit für ein inneres Mantra, das ich mir vorbetete: „Halt die Klappe, halt die Klappe, omm …" Aber was nützt es, wenn ich die Klappe halte, aber das Gegenüber sie nicht hält? Endlich, endlich am Stall angekommen, erfuhr ich nämlich, warum sich Reitunterricht völlig erübrigt: „Beim Reiten gibt es richtig oder falsch doch gar nicht", trumpfte das Mädchen auf und schwärmte von dem Stall, wo man ihr als Reitbeteiligung einfach eine Pony zur Verfügung stellte, dem sie dann beigebracht habe, auf Stimmkommando anzuhalten – chapeau! Ich nehme an, die Dame steht kurz vor dem Durchbruch als Pferdetrainerin und das natürlich in Harmonie und frei, soll heißen ohne Sattel und Gebiss, denn das habe sie immer bevorzugt. Es komme schließlich nur darauf an, dass der Reiter und das Pferd Spaß hätten. Und jetzt meine Interpretation ihrer Worte: Wenn das Pferd mal die Ohren anlegt oder nicht zum Zaun geht, dann ist das schnell wieder „Wurscht" mit dem Spaß fürs Pferd: Dann geht es wiederum darum, dass das Pferd bloß nicht „gewinnt". Endlich fiel mir der Satz ein, den ich die ganze Zeit hätte sagen sollen:

„Meine Pferde, meine Regeln."

DIE SACHE MIT DER AUFSTEIGHILFE

Fairerweise muss ich erwähnen, dass die Mutter mir am Ende endlich zur Seite sprang und sagte, dass es ganz ohne Reitunterricht ja auch nicht ginge. Sie selbst habe in Portugal ein paar Westernstunden erhalten. Auch diese Art zu reiten, wurde mir bis ins Detail erklärt: Wenn man vorwärts will – nach vorne lehnen; lenken: Zügel an den Hals. Ich konnte mal wieder die Klappe nicht halten und sagte: „Wenn ein Bit im Pferdemaul ist, muss man mit dem Zügel anlegen aber vorsichtig sein: Legt man die zu sehr an, verkantet das Bit." Wie doof bin ich eigentlich? War doch klar, dass das wieder zur Kundenbelustigung beiträgt und die fing ja eigentlich schon beim Aufsteigen an. Ich hatte die Damen nämlich gebeten, die Aufsteighilfe zu benutzen und mir wurde gesagt: „Nein, danke: Wir können das auch ohne." Da hatte ich schon wieder für Gelächter gesorgt, als ich erzählte, wie viel Gewicht dann auf einer Seite des Pferderückens hängt. Immerhin konnte ich durchsetzen, dass wenigstens die Mutter mit Aufsteighilfe, aber so viel Schwung aufstieg, dass der Sattel hin und her rutschte. Wäre ich Lucky gewesen, ich hätte auch die Ohren angelegt. Mehr noch: Ich hätte schnappend gebuckelt und getreten.

Ich finde es aber gut, dass diese Kunden noch kurz vor Erscheinen des Buches aufgetaucht sind, weil ich zuvor dachte, dass die meisten Leute alles, was ich schreibe sowieso selbstverständlich finden und niemand ein Buch à la „Pferde vermenschlichen" nötig hat. Aber wie das immer so ist, wenn man sich über etwas ärgert: Ein paar Stunden später kann man herzlich drüber lachen. Im ähnlichen Stil ist die folgende Leseprobe geschrieben – viel Spaß damit.

STATT NACHWORT EINER MEINER ARTIKEL FÜR EIN PFERDEPORTAL:

Umgekehrte Psychologie bei Pferden

Kennt ihr das? Wenn es einem in den Ohren klingelt: Das Pferd muss gehorchen und man muss Kontrolle über es haben und wehe nicht. Wenn meine Pferde genau das nicht tun, das Gehorchen, flüstert eine innere Stimme mir zu: Durchsetzen um jeden Preis!!! So hat man das schließlich damals in der Reitschule gelernt und das ja auch nicht zu Unrecht. Denn, wer ein Tier hält, der muss es kontrollieren können, damit es keine Gefahr für die Allgemeinheit wird. Soll heißen: Jederzeit anhalten und lenken können beispielsweise. Das ist ja auch beim Hund nicht anders: Der darf ja auch keine Jogger im Wald stellen und denen mal kräftig in die Haxen beißen und kleine Kinder anspringen ist auch verboten. Beim Pferd ist es nicht anders: Gehorsam ist wichtig, denn wenn ein Pferd im Straßenverkehr übereifrige Entscheidungen trifft, dann wird es brenzlig. Auch auf dem Turnier habe ja noch nicht einmal ich Einfluss auf die Pattern, die der Richter aussucht: Die wird absolviert, wie es im Regelbuch steht. So und nicht anders – gar keine Frage.

Aber das sind auch gar nicht die Gelegenheiten, bei denen ich mir zuweilen vor schierer Verzweiflung die Haare raufen könnte im Umgang mit meinen Pferden. Die Haare stehen mir immer dann zu Berge, wenn mein Scheckpony Cisco in der Freiheitsdressur nicht durchgaloppiert und immer wieder in den Trab fällt. Der andere Wallach namens Lucky brach vor einigen Jahren jedes Mal bei der Bodenarbeit in den Schlangenlinien an derselben Stelle aus und galoppierte los, als wäre er vom wilden Affen gebissen. Und meine fünfjährige Paintstute Queenie, die ist sowieso mit allen Wassern gewaschen. Die zählt sogar: Zwei Runden Galopp macht sie gerne, aber danach keinen einzigen Schritt mehr, wenn es nach ihr geht. Es war zum in die Tischkante beißen. Es wollte vor einigen Monaten einfach nicht funktionieren, aber wir haben natürlich eine Lösung gefunden, die ich persönlich viel pfiffiger finde, als einfach nur durchsetzen.

Horsemanshiplegende Pat Parelli hat ja den so genannten **Karottenstecken** erfunden. Dazu erzählt er dann auch immer gerne eine kleine Geschichte. Die orangene Farbe symbolisiert die Karotte, weil es ja Menschen gibt, die sich mit ihren Pferden nur über Futter und Gutschi-Gutschi verständigen und brutale so genannte Stockmenschen soll es ja auch geben, die ihr Pferd immer verhauen, wenn es nicht gehorcht. Parelli will weg von den Extremen bzw. ist ein extremer Beschreiter des Mittelwegs und Verfechter von umgekehrter Psychologie. Davon habe ich im Studium auch schon mal etwas gehört. Sitzt der Bub auf dem Tisch und Muttern sagt: „Geh sofort darunter." bleibt der Bub garantiert oben auf dem Tisch sitzen und lacht sich einen Ast. Aber wehe die Schwester sagt: „Du bleibst auf jeden Fall da oben." So schnell kann man gar nicht gucken, wie der Junge vom Tisch gesprungen ist.

Ganz ehrlich: Ich konnte mir früher im Leben nicht vorstellen, dass diese Methode bei Pferden ebenfalls funktioniert und befürchtete, dass das Pferd Oberwasser bekommt, wenn man es gelegentlich mit entscheiden lässt. Aber Probieren geht ja bekanntlich über Studieren. Erstes Versuchskaninchen: Jungpferd Que-

enie – ihres Zeichens ein **Left-Brain Extrovert**[10]. Mit dieser denkwürdigen Bezeichnung werden die aufgedrehten Quasselstrippen unter den Pferden bei Parelli tituliert. Das genau zu erklären, würde zu weit führen, aber es sind sozusagen die Border Collies unter den Pferden: Sie lernen schnell und haben ein Selbstbewusstsein, das durch keine Tür passt. Also ein Pferd, das in der Grundbotschaft ausdrückt: „Du hast mir gar nichts zu sagen", aber gleichzeitig so verspielt ist, dass es ihm immer wieder gelingt, seinen Menschen

---

10 LBE ist eine Horsenality – ein von F. Parelli geschützter Begriff der Pferdepersönlichkeitstypen charakterisiert

in fürs Pferd recht lustige Streitereien zu verwickeln. Wie war das damals im Kindergarten? Wenn das Kind, das andere provoziert, merkt, es kann das Gegenüber ärgern, dann hört es mit den Zickeleien nicht mehr auf. Wie wird man dann so einen Mobber wieder los? Einfach so tun, als würde es einen nicht die Spur tangieren, wenn er provoziert.
Kindergarten-Weisheit flugs auf den Reitplatz übertragen: Pferd bleibt stehen und frisst. Reiterin (also ich) wartet ratlos: War wohl nix. Aber einmal ist bekanntlich keinmal, also versuchen wir das Ganze doch noch einmal bei der Bodenarbeit: **At Liberty** im Roundpen. Und wie Klein-Queenie so ist: Wenn ich rechts sage, dann sagt sie links und wenn ich vorwärts sage, dann zeigt sie mir das wunderschönste Seitwärts auf mich zu, was man sich erträumen kann. Aber wehe man fragt nach Seitwärts auf mich zu, dann muss sie dringend zeigen, wie gut sie rückwärts gehen kann. Aber dieses Mal hat Madame die Rechnung ohne den Wirt gemacht – der Wirt war ich: Als sie mal wieder links sagte, als ich die Zeichen für rechts gegeben hatte, habe ich überraschend und blitzschnell die Zeichen für links gegeben. Als sie beim verlangten Rückwärts seitwärts auf mich zu kam, habe ich so getan, als hätte ich genau das gewollt und wenn sie los galoppiert ist, dann habe ich schnell hinterher getrieben. Wenn mein Sohn nicht als Zeuge dabei gewesen wäre, würde ich es heute immer noch nicht glauben, was danach passiert ist: Es dauerte keine fünf Minuten und Queenie stand mit gespitzten Ohren vor mir, als wolle sie sagen: „Das ist langweilig – schlag Du was vor". Sie reagierte danach auf allerfeinste Signale: Wenn ich nach rechts wollte, ging sie nach rechts, wenn ich rückwärts wollte, ging sie doch tatsächlich

rückwärts – ich war baff. Es geschehen noch Zeichen und Wunder – wenigstens am Boden. Beim Reiten zählte Queenie immer noch peinlich genau die Galopprunden und blieb mitten aus dem Galopp stehen, wenn Runde zwei zu Ende war. Also noch einmal tief in die Trickkiste gegriffen und die **Parelli-Pattern** mit dem lustigen Namen „**Bullauge**" gefunden: Das ist ein Zirkel, der spiralförmig immer kleiner wird und in der Mitte an einer Pylone mit einer Pause endet. Ist zwar keine umgekehrte Psychologie, hat aber trotzdem geklappt. So wurden aus zwei Galopprunden zweieinhalb und so nach und nach sogar drei, vier oder gar fünf. Meine Tochter beendet auch jede Reiteinheit mit Queenie mit Passagierlektionen, wobei sie zwar gehen muss (Grasen ist nicht), aber das Pferd den Weg bestimmt: Das ist Vertrauensbildung.

Da das Jungpferd nun wie geschmiert lief, mussten als nächstes die Ponywallache für meinen Selbsttest herhalten. Auch hier führt manchmal das Motto „Weniger ist Mehr" zum Ziel: Wo ich zuvor noch Stick wedelnd nicht unter zwei Runden Galopp eingefordert hatte, habe ich Cisco nun schon nach nur drei Sprüngen zu mir eingeladen. Dem fiel das Lächeln aus dem Gesicht und er ging somit bald ab wie eine Rakete. Mir ging das Parelli-Zitat durch den Kopf, dass man seine Idee zur Idee des Pferdes machen soll, aber zuerst seine Idee verstehen müsste: Ich konnte den Groschen wirklich fallen hören. Auch bei Lucky geschahen noch Zeichen und Wunder: Als er in gewohnter Manier an Pylone drei nach rechts auswich um in einem halsbrecherischen Galopp loszubrettern, habe ich geantwortet: „Du willst laufen, komm ich helfe Dir dabei." Mit dem Ergebnis, dass er gar nicht mehr so dringend los preschen wollte.

Klar: Respekt und Gehorsam sind unverzichtbar, aber es gibt auch Gelegenheiten, wo man in aller Seelenruhe einfach abwarten kann. Als Jungstute Queenie lernen sollte, dass sie in der Freiheitsdressur in kleinen Volten um mich herum traben sollte und sie lieber Riesenzirkel auf dem Reitplatz absolvierte, habe ich statt mehr Druck zu machen, einfach so lange abgewartet, bis sie von sich aus immer engere Kreise zog. Das ging schneller, als ich dachte.

Ähnlich lief es mit Queenies Mutter Fancy, die immer mal wieder unter Strom steht und wohl glaubt, sie befindet sich auf der Rennbahn. Neulich als eine Reitschülerin sie ritt, rannte Fancy im Stechtrab nach vorne. Ich rief meiner Schülerin nur den Ausdruck „**Zero Brace**" zu und war froh, dass sie im Parelli-System so bewandert war, dass sie sofort alles locker ließ, denn das soll es sein: Null Anspannung. Wir hatten jetzt beide erwartet, dass Fancy in Autoscooter-Manier über den Reitplatz hin und her saust. Weit gefehlt: Auch Fancy kennt sich aus im System und es dauerte keine Viertelrunde und Fancy fiel ohne reiterliches Zutun in einen so ruhigen Trab, dass jedes Pleasure-Pferd vor Neid erblasst wäre.

Jetzt denkt der geneigte Leser vielleicht, dass die umgekehrte Psychologie nur bei meinen Pferden funktioniert, weil die vielleicht so schlecht erzogen sind. Aber ich unterrichte ja auch schon mal außerhalb und die Pferde kenne ich erst mal überhaupt nicht. Und was macht man, wenn man sich vorstellt? Man gibt sich die Hand. Ihr kennt ja den **Horseman's Handshake** aus Kapitel 1: Pferdenase an Menschenhand. Doch die hübsche Araber-Berber-Mix-Stute sah das anders und traf mit ihrer Nase alles Mögliche … nur nicht meine Hand. Rückwärts gehen brachte nichts, den Pferdekopf mit dem Halfter nach rechts und links bewegen erst recht nicht: Sie gab mir zum Verrecken nicht die „Hand". Als sich die erste Angstschweiß-Perle auf meiner Stirn gebildet hatte, weil man sich als Horsemanship-Trainerin ja nicht blamieren will, dachte ich: „Hier hilft nur eins: Flucht nach vorn", und erklärte der irritierten Besitzerin, dass man natürlich als wahre Horsewoman ein Pferd nicht zum Handshake zwingt, weil das einfach unhöflich ist. Just in diesem Moment stiefelte das Stütchen auf uns zu und stupste zuerst mit ihrer Nase meine Hand und dann die Hand ihrer Besitzerin an. Wow!!! Und die Moral von der Geschicht? Klar brauchen wir Kontrolle übers Pferd, nach Möglichkeit auch über den Hund und den zweibeinigen Nachwuchs. Aber die dürfen dennoch ab und zu ihre eigenen Ideen einbringen und auch mal eine Entscheidung treffen: Nicht immer, aber immer öfter.

*Wenn Ihnen dieses Büchlein gefallen hat,
dann freuen Sie sich auf das nächste Buch von
Nicola Steiner, das 2017 erscheint und mehr in
die Tiefe geht - der geplante Titel ist:*

*Westernreiten meets Natural Horsemanship
- wie das Turnier zum gemeinsamen Projekt
von Pferd und Mensch wird*

*2017 erscheinen auch Nicola Steiners Artikel
für Pferdeportale in einem Sammelband.*

*Geplant ist auch ein Sammelband mit
Fallgeschichten aus den Blogs der Autorin.*

Es muss nicht immer Pferd sein, aber es darf: Zum Beispiel beim Thema Amtsschimmel. Das Erstlingswerk von Nicola Steiner ist unter folgendem Titel erschienen:

Die Lüge vom Sozialstaat

Eine Satire, die das Leben schrieb

Warum es in Deutschland immer noch die Todesstrafe gibt

Die Journalistin Nicola Steiner rutscht nach der Trennung von ihrem Mann in Hartz-IV, weil sie weder vom Kindesvater noch vom Jugendamt Unterhalt für ihre beiden Kinder erhält. Da sie keinen Job findet, versucht sie sich mit einer selbstständigen Tätigkeit selbst an den eigenen Haaren aus dem Sumpf zu ziehen. Aber sie erkrankt erst schwer und als sie gerade erst gesundet ist, gerät sie durch einen Verkehrsunfall erneut in Arbeitsunfähigkeit. Genau zu diesem Zeitpunkt stellt das Jobcenter unter einem Vorwand sämtliche Leistungen ein und ein erbitterter Kampf ums Überleben beginnt. Es ging schief, was schief gehen konnte und endete mit einem Quasi-Todesurteil. Mit viel Wortwitz und Humor hat die Autorin nun eine Satire geschrieben, die zwar auf Tatsachen beruht, sich aber liest wie ein Krimi.

Die Autorin Nicola Steiner hat das Handwerk der Redakteurin gelernt und ist Diplom-Medienwirtin. Trotz langjähriger Tätigkeit im Hörfunk ist das Schreiben ihre Leidenschaft. Sie erzählt ihre Geschichten in zwei Blogs: Einen Horsemanship- und einen Turnierblog.

Den Horsemanship-Blog finden Sie unter:

http://12oaks-ranch.blogspot.de/

und den Turnierblog unter dieser Domain:

http://steiner-horsemanship.blogspot.de/

Besuchen Sie auch die Website von Nicola Steiner:

DANKSAGUNG

Mein Dank gilt vor allem meinem Sohn Janik, der die Texte wieder und wieder gegengelesen hat und auch den Mut hat zu sagen, wenn ihm etwas nicht gefällt.

Auch meiner Tochter Larissa danke ich fürs Gegenlesen und Modell stehen für die Fotos, denn eigentlich wird sie nicht so gerne fotografiert.

Vielen lieben Dank an Katharina Erfling für die tollen Fotos und vor allem dafür, dass wir die Kosten für die Fotos in Form von Reitunterricht ableisten konnten, denn sonst wäre es gar nicht möglich gewesen, dieses Buch und auch das geplante Westernbuch so intensiv zu bebildern.

Danke auch an die vielen Reitschüler, die eben anders sind als die Menschen im letzten Kapitel zum „Durchsetzen um jeden Preis": Die meisten unserer Kunden sind so sehr bemüht, es den Pferden recht zu machen, dass sie eher das Gegenteil lernen müssen: Sich eben auch einmal durchzusetzen und zwar lieber einmal richtig, als sich in ununterbrochene Dauerdiskussionen verwickeln zu lassen.

Danke auch an all die Kunden, die es akzeptieren, dass wir den Kontakt per eMail oder Facebook-Nachricht bevorzugen. Dadurch sparen wir sehr viel Zeit und können auch bei unseren Kunden hervorragend die Spreu vom Weizen trennen. Denn wer bereit ist, eine eMail zu schreiben, der ist auch bereit, auf den Partner „Pferd" Rücksicht zu nehmen und sein Leben lang ein Lernender zu bleiben: Denn nur die niemals endende Selbstverbesserung ist pferdegerecht.